成果研究支持基地

广州市人文社会科学重点研究基地：新媒体与文化创意产业研究中心

广东省高校人文社会科学重点研究基地：信息传播与文化创意产业研究中心

新媒体的
社会教育功能及其传播模式

胡钦太　林晓凡　编著

中国出版集团

世界图书出版公司

广州·上海·西安·北京

图书在版编目（C I P）数据

新媒体的社会教育功能及其传播模式 / 胡钦太, 林晓凡编著.
--广州：世界图书出版广东有限公司，2015.12（2025.1重印）
ISBN 978-7-5192-0645-1

Ⅰ.①新… Ⅱ.①胡… ②林… Ⅲ.①传播媒介–研究
Ⅳ.①G206.2

中国版本图书馆 CIP 数据核字(2015)第 321751 号

新媒体的社会教育功能及其传播模式

策划编辑　杨力军
责任编辑　钟加萍
封面设计　梁嘉欣
投稿邮箱　stxscb@163.com
出版发行　世界图书出版广东有限公司
地　　址　广州市新港西路大江冲25号
电　　话　020-84459702
印　　刷　悦读天下（山东）印务有限公司
规　　格　787mm×1092mm　1/16
印　　张　11.5
字　　数　220 千
版　　次　2015 年 12 月第 1 版　　2025 年 1 月第 4 次印刷
ISBN　978-7-5192-0645-1/G·2012
定　　价　68.00 元

版权所有　翻印必究

前　言

　　从蒸汽时代、电气时代到互联网时代,新技术的出现和使用持续推进着人类社会发展的进程。只要出现新技术,就会出现新媒体。而今,伴随着"互联网+"时代的到来,微信、微课等网络媒体,手机、平板电脑等触摸媒体,数字电视、数字(电子)课本等数字媒体以及智能眼镜、健康手环等可穿戴媒体应运而生。各种新媒体的迅猛发展,极大地突破了时空的限制,为人们的信息传播、学习、工作及生存方式带来了前所未有的影响。新媒体带来新的信息传播方式,进而催生着教育的不断变革。社会教育作为与家庭教育和学校教育并列的三大教育体系之一,新媒体的兴起必然引起其新的发展。

　　如何有效地利用新媒体促进社会教育的发展,不仅是教育部门和学界普遍关注的热点问题,也是各级政府部门关注的重要问题。首先,新媒体的社会教育功能是实现教育公平的有效形式。新媒体有助于解决社会大众接受优质教育机会的公平、教育过程的公平和教育质量的公平等问题,尤其是使更多人享有优质的教育资源。其次,新媒体的社会教育功能有助于人们树立终身学习理念、构建学习型社会。各类新媒体将使学习成为一种新的生活方式,使终身学习成为每个人身边的现实,促进学习型社会建设。最后,新媒体的社会教育功能将成为缓解我国就业结构性矛盾的重要途径。如新媒体能助力我国职业人士的培训,尤其是基本的职业技术的培训,帮助解决企业"招工难"与高校毕业生"就业难"的结构性矛盾。

　　新媒体的社会教育研究与实践在相当长的时间里都属于探索阶

段，没有形成自己独立的理论与应用价值体系。新媒体之于社会教育，如果仅仅是作为线下教育的一个辅助工具，并未能呈现多形态的创新和革命性的突破。新媒体为社会教育带来的不仅是新的技术与工具，更是新思维、新理念、新模式。例如，慕课是大规模开放在线课程，是新的网络媒体，它是由高水平教师主讲的高水平课程，放在高水平在线平台免费开放，与全球大众共享的大规模优质教育资源。美国等发达国家的慕课已形成新的教育传播模式，即当地老师不一定要主导上课，而是让学习者通过各种新媒体上全世界最优质的课程资源，但学习者在当地老师的指导和引导下进行讨论和互动，当地教师与网络教师团队借助新媒体，共同满足学习者的学习需求。这改变了传统教育以教学权威为核心的教育模式，进入了由学习者原创内容、自主学习、互动交流等新的模式当中。由此可见，新媒体之于社会教育关键在思维、理念及模式的"新"。

作为国内第一本系统研究"新媒体的社会教育功能及其传播模式"的专著，既有理论精华的综观博览，也有个案现象的分析映射，既从新媒体社会教育传播的各个因素入手，系统分析理论发展趋势；同时，又兼顾典型的新媒体社会教育传播个案现象，能让你对新媒体的社会教育功能及其传播模式有一个清晰而全面的认识。

胡钦太

2015 年 11 月

目　录

研究概况

一、研究背景……………………………………………………………001

二、研究问题……………………………………………………………001

三、研究框架……………………………………………………………002

第一章　社会教育研究及新媒体发展的融合

第一节　新媒体社会教育的概念………………………………………007

一、新媒体的概念………………………………………………………007

二、社会教育的特征……………………………………………………009

第二节　新媒体在教育学领域与传播学领域中的研究脉络…………011

一、新媒体在教育学领域的研究脉络…………………………………012

二、新媒体在传播学领域的研究脉络…………………………………013

第三节　新媒体的社会教育传播模式研究现状………………………013

一、新媒体的社会教育应用研究现状…………………………………014

二、新媒体信息传播模式研究现状……………………………………015

第二章　新媒体的社会教育功能

第一节　社会功能对新媒体传播的启示………………………………023

一、拉斯韦尔的"三功能说"……………………………………………023

新媒体的社会教育功能及其传播模式

二、赖特的"四功能说"……………………………………………024
三、拉扎斯菲尔德和默顿社会功能观………………………………024
第二节 新媒体的显性社会教育功能………………………………025
一、汇聚整合优质社会教育资源……………………………………026
二、为建构主义学习理论创造情境…………………………………026
三、促进社会教育信息对称…………………………………………027
第三节 新媒体的隐性社会教育功能………………………………028
一、新媒体的社会教育涵化功能……………………………………028
二、新媒体的社会教育凝聚功能……………………………………030
三、新媒体的社会教育疏导功能……………………………………032

第三章 新媒体环境下社会教育传播与模式

第一节 新媒体社会教育传播过程的要素与结构……………………035
一、社会教育传播过程的概念………………………………………035
二、社会教育传播过程的要素………………………………………036
三、社会教育传播过程的构成阶段…………………………………038
第二节 传统的经典社会教育传播模式……………………………040
一、传播学中的经典传播模式………………………………………040
二、经典教育传播过程模式回顾与评价……………………………043
第三节 社会教育传播模式研究新发展……………………………045
一、新媒体发展对传播模式研究的影响……………………………045
二、新媒体社会教育传播模式的新发展……………………………046

第四章 新媒体社会教育传播模式的构建

第一节 新媒体社会教育的互动循环模式…………………………055
第二节 新媒体社会教育的裂变传播监督模式……………………056
一、新媒体环境中的媒体监督………………………………………056
二、法制环境中的法制监督…………………………………………057

三、社会环境中的大众监督……………………………057
第三节　新媒体社会教育的分级传播模式……………057
一、个人–个人、个人–群体级别……………………057
二、个人–大众、群体–大众级别……………………057
三、大众–大众级别…………………………………058

第五章　移动媒体社会教育传播模式分析

第一节　基于工作的移动媒体社会教育功能分析………061
一、基于工作的移动媒体社会教育的概念……………062
二、基于工作的移动媒体社会教育功能分析…………064
第二节　移动媒体社会教育传播案例分析………………069
一、基于工作的移动媒体社会教育案例分析…………069
二、移动媒体非正式学习案例分析……………………074
第三节　移动媒体社会教育传播模式的构建与优化……082
一、移动媒体社会教育传播模式的构建………………082
二、移动媒体社会教育传播模式的优化策略讨论……084

第六章　数字视频新媒体的社会教育模式分析
——以 MOOC(慕课)为例

第一节　慕课的社会教育功能分析………………………090
第二节　慕课新媒体的社会教育研究现状述评…………091
一、国内外 MOOCs 在学校教育领域中的研究现状……091
二、国内外 MOOCs 在社会教育领域的研究现状………094
第三节　基于慕课新媒体社会教育模式的评价与改进建议………099
一、基于慕课的社会教育应用模式的优化设计——以《现代礼仪》为例…099
(一)《现代礼仪》慕课课程案例分析…………………099
(二)《现代礼仪》慕课课程的优化设计与应用策略…………100
二、基于慕课的社会教育应用模式构建………………105

第七章 新媒体社会教育传播模式及其效果分析
——以科普教育果壳网为例

第一节 科普教育相关新媒体社会教育传播功能分析……………115

　　一、SNS 网站的社会教育功能分析………………………115

　　二、微博的社会教育功能分析……………………………117

　　三、微信的社会教育功能分析……………………………118

第二节 科普教育新媒体社会教育传播的现状分析——以果壳网为例……120

　　一、问卷与访谈的设计和实施……………………………120

　　二、科普教育类 SNS 网站受众行为分析…………………125

　　三、对科普教育类 SNS 网站用户的深度访谈……………135

　　四、科普类社会教育传播模式的构建……………………142

第三节 科普类新媒体社会教育传播模式的评价与改进建议………148

　　一、科普类新媒体社会教育传播模式的优劣评价………148

　　二、科普类新媒体社会教育传播模式的优劣评价的改进建议………150

　　三、优化网络媒体运用于社会教育的传播模式的思考………152

总　结

　　一、研究结论………………………………………………155

　　二、研究创新………………………………………………161

　　三、后续研究………………………………………………161

参考文献……………………………………………………………163

后　记………………………………………………………………173

研究概况

一、研究背景

信息时代,各种新媒体以其独特的传播方式和丰富的内容,已经渗透到社会文化的各方面,对社会文化产生着深远影响。相对于报刊、广播、电视等传统媒体,新媒体具有开放性强、受众面广、个性化突出、交互性好、传播速度快等特有的优势,能有效地突破传统教育的局限,从而扩展到与家庭教育、学校教育相并列的社会教育层面,给社会教育提供了丰富的技术支持和新的发展动力。目前,如何有效地利用新媒体促进人类社会教育的发展,不仅是教育部门和学界普遍关注的热点问题,也是各级政府部门关注的重要问题。

教育作为人类社会一种特有的知识继承、传播活动,也在经历技术变革的洗礼,被时代灌注新的活力。教育传播活动是在一定的环境中发生的,环境对教育传播的效果具有重要的影响。本书拟从新媒体的特点分析、社会教育的内涵及需求分析、新媒体的应用方法及其信息传播模式的构建等方面入手开展研究,全面深入地挖掘新媒体的社会教育功能,并构建出适应于我国现阶段新媒体教育应用实际情况的有效传播模式。

二、研究问题

(一)研究问题的相关界定

本研究目标明确,将从新媒体特性以及传播优势入手系统全面地开展研究,重点研究新媒体的社会教育功能及其信息传播模式,本研究将重点解决以下三个子问题:

1.如何分析社会教育的内部结构、系统要素和新媒体社会教育应用要素,并丰富和创新发展新媒体的社会教育功能体系和传播理论体系。

2. 如何科学地分析新媒体形态的特性及其作为社会教育信息媒介的优势,构建出基于不同新媒体形态的社会教育信息传播模式。

3. 如何构建基于不同新媒体形态的社会教育信息传播模式的策略体系,促进社会教育的实证效果。

(二)研究问题的意义和目的

信息时代下新的媒体技术特征和信息传播机制发生了重大变化,呈现出复杂多样的特点,给社会教育传播研究带来了新的挑战和契机。社会教育在人类发展进程中具有重要的作用。《国家中长期教育改革和发展规划纲要(2010—2020 年)》[①]将"终身教育体制机制建设试点"列入改革试点项目,明确指出"建立终身学习网络和服务平台;统筹开发社会教育资源,积极发展社区教育……"全面系统地研究"新媒体的社会教育功能及其传播模式研究",具有重要的研究意义。

1.理论价值

⑴能够丰富及拓展新媒体现有教育应用范畴的内涵及外延,探索新媒体在社会教育领域的潜在功能及应用价值,促进社会文化的健康发展。

⑵能够探讨在社会教育领域中应用新媒体的结构要素和方法途径,为创新社会教育途径提供参考,为构建终身化学习型社会、丰富社会文化提供理论指导和参考。

⑶能够构建基于各种新媒体的社会教育传播模式,探索新媒体在社会教育领域中的应用规律,丰富与发展信息时代的教育传播理论。

2.实践意义

本书针对性地构建不同新媒体形态的信息传播模式和实践策略,系统而全面地探讨新媒体的社会教育功能,能够在一定程度上推动信息时代新媒体情境下社会教育功能研究的发展,并提供实现和优化社会教育功能的新型途径和方法。此外,本书将基于不同新媒体构建相应的社会教育传播模式,为实现新媒体在社会教育中的应用功能提供实践方法层面上的指导,从而为扩大发挥和推广应用新媒体在社会教育中功能奠定基础,为后续同类实践研究的

---

① 教育部. 国家中长期教育改革和发展规划纲要(2010–2020 年). [DB/OL] [2010–02–28]. http://www.china.com.cn/policy/txt/2010–03/01/content_19492625_3.htm.

开展提供重要参考,具有显著的实践意义。

三、研究框架

本书主体部分分为理论研究与个案分析两大部分,深入剖析"新媒体社会教育"的功能和模式构建。在研究架构上,充分体现了理论实践并重的特点,既从新媒体社会教育传播的各个因素入手,系统分析理论发展趋势;同时,又兼顾典型的新媒体社会教育传播个案现象,在国内同类研究中,该书第一次系统地开展了新媒体社会教育功能与模式的理论与实践研究,具有学术创新价值。

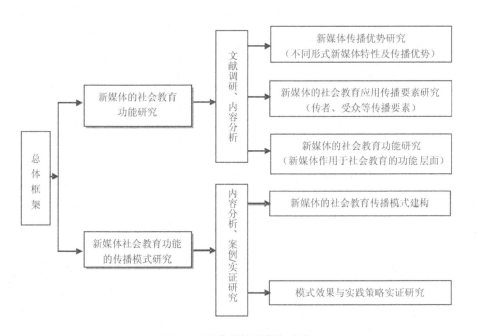

003

图 0-1 研究总体框架与内容

本书内容运用文献调研、内容分析、案例分析等方法、结合教育传播理论、群体动力学等多学科理论,①深入剖析了社会教育的内部结构、系统要素和新媒体社会教育应用要素,丰富和创新发展新媒体的社会教育功能体系;②科学分析了新媒体形态的特性及其作为社会教育信息媒介的优势,构建出基于不同新媒体形态的社会教育信息传播模式;③研究基于不同新媒体形态的社会教育的传播模式的策略体系,促进社会教育的传播效果的最优化。该书全面概览新媒体社会教育功能与传播模式研究领域和现状,同时,分析和呈现新媒体环境下社会教育传播研究的新方向、新视域、新观点,既有理论精华的综观博览,也有个案现象的分析映射,丰富和创新了新时期教育传播学理论与实践的内涵,主体框架如下图 0-1 所示。

第一章
社会教育研究及新媒体发展的融合

第一节　新媒体社会教育的概念

一、新媒体的概念

信息时代下，"新媒体"是人们耳熟能详的一个词，但真要问起什么是新媒体，估计没几个人能说得清楚。诚然，在当今学术界，关于新媒体的释义五花八门，莫衷一是。很多学者专家、研究人员都从不同角度对"新媒体"下了不同的定义，对新媒体概念的内涵和外延也提出了自己的界定，可以说是智者见智、仁者见仁。较有代表性的几种观点分别为：

（一）历史角度

对新媒体概念，清华大学熊澄宇教授作过这样的解释："所谓新媒体是一个相对的概念，'新'相对'旧'而言。"从媒体发生和发展的过程当中，我们可以看到新媒体是伴随着媒体发生和发展在不断变化。广播相对报纸是新媒体，电视相对广播是新媒体，网络相对电视是新媒体。今天我们所说的新媒体通常是指在计算机信息处理技术基础之上出现和影响的媒体形态。这里有两个概念，一个是出现，是指以前没有出现的；一个是影响，所谓影响就是受计算机信息技术影响而产生变化的，这两种媒体形态是我们现在说的新媒体。当然新媒体并不是终结在数字媒体和网络媒体这样一个平台上。"新"媒体只是一个相对于"旧"媒体总的名称，其中包括种种媒体形态。在此基础上，熊澄宇教授将新媒体定义为："在计算机信息处理技术基础上产生和影响的媒体形态，包括在线的网络媒体和离线的其他数字媒体形式。"[①]熊澄宇教授的观点虽然不符合形式逻辑学思想里本质定义的呈现形式，且其范围过大，却道出了"新"媒体最本质的历时性，为其他释义划定了一个时间范围。

---

① 熊澄宇. 新媒体与文化产业[DB/OL]. [2005-2-1] http://media.people.com.cn/GB/22100/33937/33939/4321780.html.

(二)技术角度

目前新媒体的主流定义是从技术角度出发的，较为明晰的是中共中央党校的唐霞对新媒体的定义：新媒体是利用数字技术、网络技术，通过互联网、宽带局域网、无线通信网、卫星等渠道，以及电脑、手机、数字电视机等终端，向用户提供信息和娱乐服务的传播形态。[①]虽然在学术上，从技术角度对新媒体释义不甚严谨，存在时间范围不明等问题，但它把抽象的历史论释义具象化了，使我们可以以此判断一种媒体形态究竟属不属于新媒体，从而省去很多纠结。因此，新媒体的技术论释义为多数研究者所青睐。

(三)传播方式角度

也有研究者另辟蹊径，从传播方式的角度界定新媒体。美国《连线》杂志就直接把新媒体界定为"所有人对所有人的传播"。[②]这一说法一语道破新媒体传播方式的根本特征，独到而又深刻，可惜的是这一表述作为定义未免有失严谨，欠缺操作性。1967年，美国哥伦比亚广播电视网（CBS）技术研究所所长戈尔德马克（P.Goldmark）[③]提出新媒体（New Media）是相对于传统媒体而言的，是报刊、广播、电视等传统媒体以后发展起来的新的媒体形态，是利用数字技术、网络技术、移动技术、通过互联网、无线通信网、卫星等渠道以及电脑、手机、数字电视等终端，向用户提供信息和娱乐服务的传播形态和媒体形态。严格地说，新媒体应该称为数字化新媒体。中国传媒大学杨继红（2008）从技术角度出发将新媒体定义为：基于数字基础的、非线性播出的、能够实现交互具有互联传播特性的传播方式和交互空间[④]。中央人民广播电台电视节目中心的邵庆海（2011）认为新媒体是基于数字技术产生的，具有高度互动性、非线性传播特质，能够传输多元复合信息的大众传播介质[⑤]。人民大学彭兰[⑥]（2007）指出数字媒体等新媒体是在老媒体的蜕变基础上渐进地形成的，新老

---

① 转引自匡文波. 2006 新媒体发展回顾[J]. 中国记者，2007 (1)：76—77.
② 转引自肖明超. 新媒体：让所有人对所有人传播[J]. 中国广告, 2008 (11)：40—41.
③ 转引自胡泳. 新媒体环境下的参与式新闻〔DB/OL〕. 中国传播学成立大会. http://news.sohu.com/20060421/n242932151.shtml.
④ 杨继红. 谁是新媒体[M]. 北京：清华大学出版社，2008(10).
⑤ 邵庆海. 新媒体定义剖析[J]. 中国广播，2011(03)：63—66.
⑥ 彭兰. 关于数字媒体内容管理体系建立原则的思考[J]. 国际新闻界，2007，11：12—18.

媒体并存、兼容的格局将在很长一段时期内存在。暨南大学谭天[1](2013)认为新媒体包括两个概念:"新"和"媒体"。"新"是相对"旧"而言,当广播出现的时候,相对报纸来说它是新媒体,当电视诞生的时候,相对其他传统媒体它是新媒体。新媒体的"新"还有两个含义,即新型媒体和新兴媒体。新型媒体主要有车载移动电视、手机报、传统媒体的网站等,这些媒体从本质上来看只是传统媒体的延伸物。新兴媒体主要有网络媒体和手机媒体以及基于互联网所形成的各种媒介平台,形成了在媒介形态上完全不同于传统媒体的新媒体,新媒体主要是指此类媒体。

　　由于上述观点各有见地,但又皆有漏洞或不甚严谨之处,笔者认为应综合上述观点,取其交集,便能给新媒体一个精准的定义,即:新媒体是一个动态发展的概念,综合美国哥伦比亚广播电视网(CBS)技术研究所所长高尔德马克(P.Goldmark)[2]、中国传媒大学杨继红和学者邵庆海关于新媒体的定义,本研究界定当前的新媒体(New media):基于数字化传播技术的、具有高度交互的互联传播性[3]和非线性的选择传播[4]等三大基本特征的传播媒介。依此界定范围,新媒体主要包括如网络媒体(微信、微课、MOOC、网络电视等)、触摸媒体(手机、电子书包、平板电脑等)、数字媒体(数字广播电视[5]、数字报纸、数字课本等)、可穿戴媒体(智能眼镜、健康手环等)等媒体。

二、社会教育的特征

　　1835 年,德国社会教育学家狄斯特威格(Adolf Diesterweg)在《德国教师陶冶的引路者》一书中,首次提出了"社会教育"这一名词[6]。1838 年,他又在《论爱国主义》(über Erziehungzum Patriotismus)一文中提出"社会教育学",认为"社会教育应与社会政策配合,那些在工厂中工作的儿童,没能接受正式

① 谭天. 媒介平台:传统广电转型之道[J]. 新闻记者,2013,12:27-31.
② 转引自胡泳. 新媒体环境下的参与式新闻〔C/OL〕. 中国传播学成立大会. http://news.sohu.com/20060421/n242932151.shtml.
③ 杨继红. 谁是新媒体[M]. 北京:清华大学出版社,2008(10).
④ 邵庆海. 新媒体定义剖析[J]. 中国广播,2011(03):63-66.
⑤ 谭天. 媒介平台:传统广电转型之道[J]. 新闻记者,2013(12): 27-31.
⑥ 转引自詹栋樑. 现代社会教育思潮[M]. 中国台北:五南图书出版有限公司,1991:3.

的学校教育,应该用社会的力量来教育他们"①。保罗·那托尔普(Paul Natorp)在其《社会教育学》中认为教育就是促使人的意志的陶冶,意志的陶冶有助于人的社会的建立,而社会的提升是个人的延伸与扩大,因此,个人的教育必须参与社会的因素,教育的社会条件也就是社会生活的教育条件;社会教育不仅具有"社会帮助"功能,还是一种"透过社会而实施的一种教育",社会教育要把握三大基本要素"活动、驱力、意志与理性"②。国内对社会教育的定义有多种,比较流行的是广义与狭义说。它把广义的社会教育视为整个社会中所存在的一切形式的教育,而将狭义的社会教育定义为除学校教育和家庭教育以外的教育活动。有学者从狭义上分析:"社会教育是指除学校教育以外的一切文化教育设施对青少年、儿童和成人进行的各种教育活动。"

综合众多学者对社会教育的定义,从研究目的出发,本书界定的社会教育及其功能的定义均采用狭义上的社会教育定义:除学校教育和家庭教育以外的③,社会全体成员所进行的有目的、有系统、有组织、独立的教育活动④,目的是达到"协同体的提升"与"自我的扩张"的统一。社会教育的特征主要表现在以下几方面:

(一)社会教育对象的广泛性

社会教育的对象广义上是社会全体民众,狭义上是学制以外的民众。社会教育对各个年龄阶段,各行各业人员都有重要意义。社会教育的这个特征说明社会教育在现代社会的意义愈加重要,社会教育是现代社会教育体系中不可忽略的重要组成部分。

(二)社会教育内容的丰富性

社会教育不像学校教育具有诸多限制。社会教育没有年龄、时间、地点等局限,随时随地都可接受教育。同时社会教育日益渗入社会生活的方方面面,越来越表现出同社会的政治活动、生产劳动、社会生活、娱乐活动等密切结合,融为一体。现代社会教育内容包括了文化知识、科学技术、政治法律、伦理道

---

① 转引自詹栋樑. 社会教育理论[M]. 中国台北:师大书苑,1988:71.
② Paul Natorp. Sozialidealismus [M]. Cambridge university press, 1920.
③ 蓝建. 论社会教育在我国社会转型时期的重要性[J]. 成人教育,2004 (5):01-05.
④ 侯怀银,张宏波. "社会教育"解读[J]. 教育学报,2007, 3(4): 3-8.

德、文学、体育卫生以及生活常识等多方面的教育。"构建学习型社会研究"课题组调查显示,社会大众的学习需求是多样化的,其中实用技术、教育子女的方法和知识是社会大众最希望学习的知识,另外,法律知识、计算机、卫生保健常识、人际交往、经营管理等所占的比例也相对较高。

(三)社会教育形式的多样性

社会教育的开展形式具有极大的灵活性和多样性。一是各种学校式社会教育形式,如民众学校、市民学校、补习学校和各种培训学校;二是各种社会式教育形式,如图书馆、阅览室、博物馆、展览馆、阅报栏和文化广场等;三是各种社会文化教育活动,如文体活动、竞赛活动、民风民俗改良等。随着新媒体的兴起,新媒体社会教育将成为社会教育发展的新趋向,各种传播媒体,如广播、电视、网站、博客、微博、微信、MOOCs 等新媒体成为社会教育的新形式。

第二节 新媒体在教育学领域与传播学领域中的研究脉络

自传播学在 20 世纪的美国起步以来,媒体与教育之间的关系及作用就一直是传播学研究者共同关注的重点内容之一。从教育传播学的角度看,媒体被视为能启蒙公众的"学校"或"图书馆",它不仅能呈现社会现象、提供娱乐,还能传递新的社会观念、渗透新的思想、影响人的行为决策,具有明显的教育功能。美国电视与社会行为研究小组在其 1972 年发布的 Television and Growing up: The Impact of Televised Violence 报告中指出:"观看电视中的暴力镜头,与实际生活情境中表现出的攻击性行为有很大关联,只是电视暴力的影响也要视受众本身的情况而定。"[1]著名传播学家拉斯维尔在其 The Structure and function of communication in society 中提出了传播模式的五大要素,并

---

[1] Surgeon General′s Scientific Advisory Committee on Television and Social Behavior, Washington, DC. Television and Growing Up: The Impact of Televised Violence. Report to the Surgeon General United States Public Health Service[M]. *ERIC Clearinghouse*, 1972.

将"传承社会遗产"作为媒体传播过程的三大社会功能之一（P. Lass well，1984）①。可见，尽管媒体对社会及人的影响受制于个体本身，但媒体对人的思想及行为发展仍有着很大的关系，媒体在社会发展中也常常扮演着极为重要的角色。因而，关于媒体的教育应用研究显然尤为重要。

当前，人类已经步入信息时代，信息技术的飞速发展，使传播媒介形态发生了巨大的变革，诞生了新的传播媒介，即所谓"新媒介"或"新媒体"（徐福荫，2009）②。伴随着媒体技术的发展、传播理念的更新，新媒体以其有别于传统传播媒介的传播方式（如匿名、平等、超越时空局限等）及其丰富的传播内容，发挥着兼具人际传播和大众传播的功能，广泛地影响着人类的生活方式，同时，也给教育带来了重要影响。纵观现阶段关于新媒体与教育的研究，我们发现，主要集中在教育学和传播学两大领域之中。

一、新媒体在教育学领域的研究脉络

在教育学领域，基于互联网的博客、播客、Wiki 等新媒体的教育研究主要集中在学校教育领域。早在 1993 年，台湾学者张琼莹就指出，互联网有助于形成包括多渠道开放式学习、多媒体互动式学习、全信息网络学习、全资料的弹性学习等特性的教学环境（张琼莹，1993）；③ 谢凯琳也指出，利用互联网将可拓展许多形式的教育培训，包括共时视频同步教学、自主非同步学习、网上授课、BBS 课程讨论、师生间 Email 交流、展示三维空间进行的模拟实验等等（C.，A.，Sherritt，1998）。④ 除了理论研究之外，也有一些对新媒体教育应用的实证研究，如黎加厚等人对博客教育应用的实践探索及其社会网络分析（黎加厚，赵怡，玉珏，2007）；⑤ 史斐翡等人开发的基于移动媒体的学习系统以及提出的基于短信息的、在线实时信息交互的、在线信息浏览的多种移动学习模式

① Lasswell H D. The structure and function of communication in society [J]. *The communication of ideas*, 1948, 37: 215–228.

② 徐福荫. 新技术与新媒体推动教育变革 [DB/OL]. [2015-10-31]http://learning.sohu.com/20131012/n388039327.shtml.

③ 张琼莹. 从成人参与学习理论观点兼叙隔空教学的含义[J]. 教学科技与媒体，1992，(09)：23–40.

④ Swaminathan S, Yelland N. Global perspectives on educational technology: Trends and issues[J]. *Childhood Education*, 2003, 79(5)：258–260.

⑤ 黎加厚，赵怡，王珏. 网络时代教育传播学研究的新方法：社会网络分析——以苏州教育博客学习发展共同体为例[J]. 电化教育研究，2007 (8)：13–17.

等(史斐菲、郭根生，2007)。[1]

二、新媒体在传播学领域的研究脉络

在传播学领域，与教育学领域从理论探索到实证研究对新媒体教育应用的全面探讨不同，传播学领域讨论新媒体之于教育的研究多围绕"知沟"(knowledge gap)理论而展开，关注新媒体出现后存在于不同阶层之间的"知沟"现象的变化。国内的研究主要有传播学者韦路等人对新媒体与人们知识获取之间的关系的最新实证研究，通过对新媒体与传统媒体之于人们政治知识获取的不同影响的比较研究，得出互联网使用上的"知沟"现象远比传统媒体使用上的"知沟"现象明显等结论(Wei Lu，Hindman，2011)。[2]然而，关于新媒体与教育，尽管在传播学领域已有了一定量的研究，但与教育学领域内的研究全面探讨比起来，显然还是不充分的。

第三节 新媒体的社会教育传播模式研究现状

社会教育作为与家庭教育和学校教育并列的三大教育体系之一，尽管长期以来人们对其概念内涵仍存在争议，但是它在人类发展进程中的重要作用是大家所共同认可的。近年来，关于社会教育功能的研究也越来越受到人们的重视(杨育智，2011)[3]。那么，新媒体环境下，社会教育将会发生哪些变化？纵观国内外研究现状，我们发现，现阶段关于新媒体在学校教育中的应用研究较为丰富，在教育学领域已有大量的探讨，但从传播学的视角进行的研究则依然非常薄弱。

社会教育研究是教育学领域的一个重要研究内容。从19世纪德国学者迪斯特维格(A.Diesterweg)率先提出通过"社会教育"来整合社会力量，教育那些

---

① 史斐菲,郭根生. 移动学习模式应用于成人教育的探讨[J]. 中国成人教育,2007 (5):134–135.

② Wei L, Hindman D B. Does the digital divide matter more? Comparing the effects of new media and old media use on the education-based knowledge gap [J]. *Mass Communication and Society*, 2011, 14(2): 216–235.

③ 杨育智. 社会教育功能解读[J]. 成人教育, 2011 (4): 47–49.

无缘接受学校教育的工厂青工的呼吁(Diesterweg, 2010)①,到二战后德国学者莫伦豪尔(K. Mollenhauer)在《社会教育学概论》中总结的"社会教育就是对青年发展的帮助,社会应立法保护青年人能够得到适当的健康发展"(Mollenhauer, 1964)②,直至20世纪80年代在联合国教科文组织在全民教育和终身教育等理念的指引下发布的一系列与社会教育有关的专题报告,社会教育越来越受到研究者们的关注。美国社会教育研究领域的旗舰刊物《Theory and Research in Social Educatioin》1998年发表了厄曼对1973至1997年之间该刊发表的研究论文总体情况的综述,为我们了解西方相关研究的状况提供了重要的参考。该综述指出,在过去的25年里,该刊发表的论文主要涉及社会教育的课程设置(Curriculum)、社会教育参与者的学习过程及成果(Learners and Learning Outcomes)和社会教育实施者的教学过程及策略(Teachers and Teaching)这三大主题,这些论文中有60%属于经验研究,而理论阐释性论文只占30%,而且经验研究所占比例呈日渐上升之趋势(Ehman, 1998)③。可见,西方国家对社会教育的研究起步较早,而且较为注重基于具体实践的实证性研究。

一、新媒体的社会教育应用研究现状

反观我国有关社会教育研究,则显得相对单一。目前主要集中在初步的理论阐述层面上。我们以"社会教育"为题名关键词在中国学术期刊网进行检索,虽然搜索到的论文有1127篇之多,但绝大多数论文多为从教育学、教育理论甚至是图书情报学的视角出发所进行的理论诠释性论文,实证性研究尤为缺乏。在此基础上,我们以"新媒体"+"社会教育"、"博客"+"社会教育"、"播客"+"社会教育"、"网络"+"社会教育"、"互联网"+"社会教育"、"web2.0"+"社会教育"为题名关键词的检索结果中,除了发表在一些非核心期刊的零星论文以外(王鹤红, 2009)④,高质量文章尚比较欠缺。由此可见,我国在新媒体社会教育研究方面尚存在不足。

---

① 转引自詹栋樑. 社会教育理论[M]. 中国台北:师大书苑, 1988:71.
② 龚超. 国外社会教育理论研究的发展现状探析[J]. 理论月刊, 2008 (2): 147-150.
③ Ehman L H. Trends in Theory and Research in Social Education from 1973 to 1997: Implications for goals and process[J]. *Theory & Research in Social Education,* 1998, 26(2): 238-257.
④ 王鹤红. 试谈网络如何担当社会教育重任[J]. 延边教育学院学报, 2009, 23(5): 15-17.

结合对近年来国内外大量文献选题的内容分析，当前对新媒体的社会教育功能的研究主要呈现出以下特点：

其一，专一针对新媒体的社会教育功能开展的研究尚不多见，主要散见于新媒体的社会功能、新媒体的教育应用研究之中。尽管从新媒体的社会功能维度来看，社会教育功能隶属于社会功能的一部分；从新媒体的教育应用层面出发，社会教育是相对于学校教育、家庭教育的三大教育体系之一，这也是当前研究中涉及新媒体的社会教育功能研究的两个视角，相关研究成果在一定的情况下，能为新媒体在社会教育中的应用提供借鉴，但从严格意义上讲，社会教育功能不等于社会功能，社会教育也存在很多有别于学校教育和家庭教育的特点（如教育主体、学习者特点、学年学制要求等），具体针对新媒体的社会教育功能的研究尚需要深入探讨和加强研究。

其二，对新媒体的社会教育功能的研究，有宏观和微观两个视角，宏观视角主要是从新媒体总体特性出发开展研究，微观上则是针对特定新媒体形式开展研究。前者主要研究在大的新媒体环境下，新的媒介形态所带来社会教育功能作用方式的不同。研究内容上包括新媒体环境下社会教育面临的机遇与挑战、相应的对策及有效途径研究，以及实现该媒体手段方式的创新研究，如路径创新[1]（谢相勋、彭巧胤，2011）、载体创新[2]（邓红彬，2011）等。后者则主要是针对具体某种新媒体形式的自身特性，开展针对此种新媒体形态的社会教育功能的研究，如播客传播的社会教育功能分析[3]（罗辑，2010）、博客的社会教育功能分析[4]（程迎红，2008）、Web2.0 时代网络传播的社会教育功能表现（胡波，2007）[5]等。

015

二、新媒体信息传播模式研究现状

英国传播学者丹尼斯·麦奎尔等指出："模式作为思想的辅助工具，特别适

① 谢相勋, 彭巧胤. 试论新媒体视野下大学生思想政治教育路径创新 [J]. 学校党建与思想教育：理论 (中旬)，2011 (4)：71-72.
② 邓红彬. 论新媒体环境下大学生思想政治教育载体创新[J]. 重庆交通大学学报：社会科学版，2011 (1)：103-105.
③ 罗辑. 播客传播的社会功能分析[D]. 重庆工商大学，硕士学位论文，2010.
④ 程迎红. 从"个人日志"到"新媒体"——中国博客的社会传播功能分析[J]. 安徽科技，2008 (6)：55-56.
⑤ 胡波. 论 Web2. 0 时代网络传播的社会功能表现[D]. 四川大学，硕士学位论文，2007.

用于传播研究。"① 著名传播学家施拉姆·宣伟伯及其弟子余也鲁认为,"模式……代表我们对一个过程或结构的看法,让我们可以清楚地看见一个过程或结构的主体,不会为旁枝末节所迷惑"②。在教育领域,教育传播模式是指描述教育传播过程中各要素的地位与作用、相互关系以及发生联系之后的性质与功能的简化形式(李运林,2009)③。构建教育传播模式最常见的方式是"归纳"和"演绎",也就是从经验上升到一般理论抽象的高度,再用科学的、严密的实验证实其有效性(钟志贤,1992)④。

(一)国内外新媒体信息传播模式研究现状

为了解国内新媒体的传播模式研究现状,本研究选取 CNKI 期刊全文数据库和硕博士数据库,以"新媒体＋传播模式"为检索词,"篇名"为检索项进行跨库综合检索,共获得 92 篇论文,其中博士论文 1 篇,硕士论文 27 篇,期刊论文 55 篇,会议论文 9 篇,其中涉及教育传播模式的仅有《新媒体对教育传播模式的影响分析》1 篇。另以"微博"＋"传播模式"、"博客"＋"传播模式"、"播客"＋"传播模式"等题名检索,均所获甚微。相关度较高的仅有《微博在教学应用中的传播模式研究》《教师博客的传播模式及推广》等。

基于传播学视角,建构出单一新媒体的教育传播模式的论文有:张炳林、杨改学的《浅析播客(Podcast)及其在教育中应用的思考》依据播客运作方式和播客用于教育的网络结构建构出播客的教育应用模式图,如图 1-1 所示⑤:

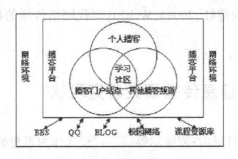

图 1-1　播客的教育应用模式图

① [英]麦奎尔等著.《大众传播模式论》[M]. 祝建华译. 上海译文出版社 1987 版:5.
② 宣伟伯,余也鲁. 传媒·教育·现代化:教育传播的理论与实践[M]. 北京:高等教育出版社,1988:16.
③ 李运林. 教育传播研究,重要性与新领域[J]. 电化教育研究,2009,3(5):11.
④ 钟志贤. 谈谈关于教育传播模式问题[J]. 外语电化教学,1992 (1):16-18.
⑤ 张炳林,杨改学. 浅析播客 (Podcast) 及其在教育中应用的思考[J]. 现代教育技术,2008,17(12):71-74.

杨晓新《教师博客的传播模式及推广》(2011)一文中从教师博客的四大要素——教师、传播内容(研究、思想、课程和兴趣等)、传播媒介(博客)及受众(学生)等四个维度入手,建构出教师博客传播模式。如图 1-2 所示[1]。

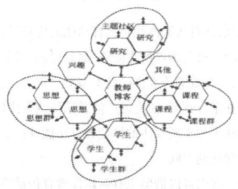

图1-2 教师播客传播的模式

传播模式的研究自传播学诞生之日就是西方学者研究的重点之一,从亚里士多德模式、拉斯韦尔模式、香农—韦弗模式、奥斯古德—施拉姆的循环模式、德弗勒的互动传播模式、贝罗的 S—M—C—R 模式到加涅的学习信息流程结构模式,国外研究者的传播模式研究经历了一个不断发展的、由简入繁的过程。最经典的当属施拉姆—余也鲁教育传播模式,如图 1-3 所示[2]:

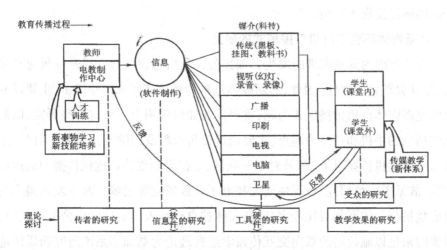

图1-3 施拉姆–余也鲁教育传播模式

① 杨晓新. 教师博客的传播模式及推广[J]. 中国教育信息化:高教职教,2011 (12):36-38.
② 南国农,李运林. 教育传播学[M]. 高等教育出版社,2005:40.

此模式根据现代教育新秩序理论勾勒而出,比较全面、具体地反映了以传统媒体为主的教育环境下教育传播的基本规律,对本研究有着重要的借鉴意义。

(二)国内外新媒体信息传播模式研究启示

研究表明,现阶段针对新媒体社会教育功能的传播模式研究相对较少,对新媒体社会教育功能的研究多停留在策略、途径层面,对其相对应的传播模式的研究相对较少,行之有效的传播模式尚不多见。再者,当前新媒体教育传播模式的研究多局限在某一领域,研究的广度及系统性有待延伸与加强。毋庸置疑,这也从侧面反映了关于新媒体的社会教育功能及传播模式的研究仍有较大的拓展范围以及深化的空间。

针对这一现状,我们可以借鉴现有新媒体教育传播模式来建构相应的有效模式。当前新媒体教育传播模式的研究重在传播模式发展趋向、针对特定情境,以及基于各种新媒体平台的传播模式研究,如:

1.新媒体向国际传播模式转变的研究

此类研究有利于社会综合功能层面的社会教育的开展,促进社会和谐发展。其主要的形式是通过有计划的推进公益性新闻网站的建设,加强新媒体在视听方面的传播优势、考虑开发新媒体传播的全智能模式等来积极推进新媒体向国际传播模式转型。[1]

2.新媒体环境下危机传播模式的研究

近几年国内突发灾难的发生,加强公民危机意识教育,提升危机应对能力,是社会教育的责任。因此,对新媒体危机传播模式研究逐年增多,主要以专门研究新媒体危机传播模式为题,重点放在如何应用上。另有一些研究,以危机传播中的手机和网络为起点,主要通过分析现象及归纳案例特征,提出一定的新媒体危机传播对策。国外对于互联网、手机等新媒体在危机传播中的运用研究,散见于舆情研究、新媒体研究和电子政务研究等领域。西方发达国家的政府危机公关体系相对比较完备,新媒体被自动纳入国家的危机公关系统中,但暂时未见以施拉姆的双向交互传播学经典理论为基础而系统研究新媒体危机传播模式的文献。[2]

① 邰书锴. 新媒体如何加快向国际传播模式转型[J]. 新闻前哨,2011 (3):88-89.
② 蔡哲. 新媒体全交互危机传播模式构建研究[D]. 长沙:湖南大学,硕士学位论文,2010.

3.Web2.0 基础上的交互式传播模式

基于 Web2.0 的新媒体形态(博客、微博、微信、维基、视频分享、社交网站等 Web2.0 应用)不断涌现,受众的互动意识提升,满足其参与、分享、传播的互动需求就成为了研究的焦点。对于 Web2.0 基础上的交互式传播模式的研究,以学校教育居多,国外研究者提出的基于 Web2.0 的四步教学模式和评价方式、基于 Web2.0 的教学交互过程、基于移动技术的教学媒体在利用片段时间开展学习等方面具有独特传播优势,可为本研究中新媒体社会教育模式的构建提供有益参考。

第二章

新媒体的社会教育功能

第一节 社会功能对新媒体传播的启示

在传播学历史上，对传播的社会功能的探讨始于哈罗德·拉斯韦尔 (Harold Dwight Lasswell)[①]。自著名的拉斯韦尔三功能说问世之后，陆续又有不少传播学者对传播的社会功能提出了自己的见解，如美国学者赖特提出的四功能说，以及拉扎斯菲尔德和默顿对传播社会功能的研究，这些学说揭示了一个正常的现代社会中健全的大众传媒机制理应发挥的社会功能。作为大众传媒新生力量和重要组成部分的新媒体，研究与把握新媒体是对社会的责任和应尽的义务，对未来的相关研究有着重大的指导意义。

一、拉斯韦尔的"三功能说"

早在 1948 年,拉斯韦尔在其发表的《传播在社会功能中的结构与功能》一文中,将传播的基本社会功能概括为以下三个方面:

(一)环境监视功能

自然与社会环境是不断变化的,只有及时了解、把握并适应内外环境的变化,人类社会才能保证自己的生存和发展。在这个意义上,传播对社会起着一种"瞭望哨"的作用。

(二)社会协调功能

社会是一个建立在分工合作基础上的有机体,只有实现了社会各组成部分之间的协调和统一,才能有效地适应环境的变化。

(三)社会遗产传承功能

人类社会的发展是建立在继承和创新的基础之上的,只有将前人的经验、

[①] Lasswell H D. The structure and function of communication in society [J]. *The communication of ideas*, 1948, 37: 215–228.

智慧、知识加以记录、积累、保存并传给后代,后人才能在前人的基础上做进一步的完善、发展和创造。传播是保证社会遗产代代相传的重要机制。①

二、赖特的"四功能说"

1959 年,美国学者赖特在《大众传播:功能的探讨》中提出四功能说,即:①**环境监视**:大众传播是在特定社会的内部和外部收集和传达信息的活动。②**解释与规定**:大众传播并不是单纯的"告知"活动,它所传达的信息中通常伴随着对事件的解释,并提示人们应该采取什么样的行为反应。③**社会化功能**:大众传播在传播知识、价值以及行为规范方面具有重要的作用,也称之为大众传播的教育功能,与拉斯韦尔的"社会遗产传承"功能相对应。④**提供娱乐**:大众传播的内容并不是务实的,它的一项重要社会功能是提供娱乐,尤其在电视媒体中。②

三、拉扎斯菲尔德和默顿社会功能观

拉扎斯菲尔德和默顿也对传播的社会功能进行了研究,特别强调了传播的①**社会地位赋予功能**:任何一种问题、意见、商品乃至人物、组织或者活动,只要得到大众传媒的广泛报道,都会成为社会瞩目的焦点,获得很高的知名度和社会地位。他们认为,这种地位赋予功能,会给大众传媒支持的事物带来一种正统化的效果。除此之外还有②**社会规范强制功能**:大众传媒将偏离社会规范和公共道德的行为公之于世,能够唤起普遍的社会谴责,将违反者置于强大的社会压力之下,从而起到强制遵守社会规范的作用。③**作为负面作用的"麻醉作用"**:拉扎斯菲尔德和默顿认为,现代大众传播具有明显的负功能,认为过度沉溺于媒介提供的表层信息和通俗娱乐中,就会不知不觉地失去社会行动力,而满足于"被动的知识积累"。③

我们结合社会教育的概念来看,早在清末民初之时,就有学者在《论学校

---

① [美]拉斯韦尔著,何道宽译. 传播在社会中的结构与功能[M]. 出版社:中国传媒大学出版社出版时间,2013 年 1 月.

② 转引自美威尔伯,施拉姆,威廉著. 陈亮,周立方译. 传播学概论[M]. 北京:新华出版社,1984:32.

③ 转引自郭庆光. 传播学概论[M]. 北京:中国人民大学出版社, 1999:115-116.

对家庭与社会之关系》一文中对社会教育的内涵进行了界定,认为社会教育包括了"处世、接物、立身、行事"。"社会者亦与家庭并立而为一种教育场者也。夫人既不能离社会而独立与世界之上,则无往而非社会,既无往而非教育场,终其身而不能离。"[1]

由此可见,传统观念中社会教育的内容不外乎使个体社会成员完成社会化进程,学习继承社会文化遗产,包括在特定的社会中如何为人处世,如何待人接物,如何安身立命,如何说话做事,不断学习以期更好地融入所处的社会环境。一个人如果从未受到过社会教育,那么即使他(她)受过良好的家庭教育或学校教育,也会像温室里的花朵一样与外界隔离,终究会与所处社会脱节,不能很好地融入社会。那么,我们发现,不论是拉斯韦尔的社会遗产传承功能,还是赖特的社会化功能,都是与社会教育的功能丝丝入扣,高度契合的。

而 SNS、微博、微信等新媒体一经问世,便应担负起传播、推广社会教育的伟大使命。在新媒体出现后,新媒体传播的社会功能与过去相比,有继承也有开拓,对新媒体传播的社会教育功能的研究具有深远意义,有了新媒体的技术支撑,我国的社会教育事业必将锦上添花。此外,在媒介非常发达的当今社会,新的功能强大的媒体不断涌现,使人目不暇接,研究新媒体的社会功能会让我们更加明晰新媒体给全体社会成员以及整个社会带来的意义和作用,从而针对新媒体传播的社会功能对它们加以很好的利用,使它们更好地促进社会的进步与繁荣。与此同时,我们也应警惕新媒体的负面作用,避免过度沉溺于新媒体提供的表层信息和通俗娱乐中,以至于在不知不觉地失去社会行动力,满足于"被动的知识积累"。

第二节 新媒体的显性社会教育功能

在前文对 SNS 网站、微博、微信的传播特点的分析中可知,新媒体在发挥社会教育功能方面具有传统媒体难以企及的传播优势, 例如便携性, 易检索性、互动性强、易于实现受众细分等,归纳起来,新媒体的社会教育功能主要有以下几点:

---

[1] 侯怀银, 张宏波. "社会教育"解读[J]. 教育学报, 2007, 3(4): 3–8.

一、汇聚整合优质社会教育资源

从传播教育信息的角度来说，新媒体的优势在于它融合了可移动网络、搜索引擎、社交网络、软件平台、电视网络等服务设施，联通了移动通信网和互联网，如同海纳百川般，最大限度地汇聚整合了优质的社会教育资源。

互联网普及之前，传统的传播媒介所能传播的信息量非常有限，这与广大受众日益增长的信息需求形成了鲜明的矛盾。在传统传播媒介的传播环境中，广大受众的基本信息需求很难得到满足，更遑论教育信息需求。这严重阻碍了教育传播事业的发展。如何为全体社会成员提供充足的优质社会教育资源，成为致力于推广社会教育的专家学者们的一个难题。

所幸的是，问题很快迎刃而解。自 20 世纪 90 年代初互联网技术日趋成熟，随后第四次科技革命汹涌来袭，在数字化浪潮的催生下，各种使人眼花缭乱的新媒体应运而生，从博客、维客、播客等"客"家族成员到新晋的微博、微信，这些基于互联网技术和数字技术的新媒体一经诞生，便显示出无与伦比的优势。阳光文化集团首席执行官吴征认为新媒体"消解传统媒体(电视、广播、报纸、通信)之间的边界，消解国家与国家之间、社群之间、产业之间边界，消解信息发送者与接收者之间的边界"，联通了几乎所有既有的数据库，几乎收录了人类诞生以来生产出的有文字记载的所有信息，使人类社会迎来了史上绝无仅有的信息大爆炸的时代。众多新媒体合力缔造出的传播平台可谓是一个不折不扣的信息"大超市"，使人们一夜之间从教育信息的遍寻不获变为目不暇接。教育信息的极大丰富既是新媒体的社会教育功能的一大优势，但同时互联网上也充斥着一些虚假不实的垃圾信息，易对受教育者产生误导，这就需要广大受教育者们擦亮双眼，仔细甄别。教育者也应据此对受教育者循循善诱，因势利导，做到趋利避害，将新媒体应用于社会教育的优势发挥到极致。

二、为建构主义学习理论创造情境

从营造教育环境的角度来说，新媒体的优势在于可以为建构主义学习理论创造情境，营造一种全民互动的氛围。

20 世纪 90 年代至今,有三个热点问题倍受教育领域的瞩目,那就是建构主义理论、多媒体技术和网络技术。这三个热点问题对传统的教育理论,包括学习理论、教学理论等,乃至对人们的工作方式、学习方式、思维方式、交往方式甚至生活方式等许多方面都产生了巨大的影响和冲击。多媒体计算机和网络所具有的技术特性,为建构主义的实现提供了物质基础和技术支持,使得建构主义倡导下的学习环境的"情境""协作""交流"和"意义建构"等基本属性能够得以实现。①

不同于 20 世纪 90 年代初,多媒体技术和互联网技术刚刚起步,只有极少数人拥有笨重的"微"机以及高等学府才有财力耗费巨资兴建的机房和语音室,多媒体和网络技术对建构主义学习理论的支撑明显动力不足,对教育的促进作用亦非常有限,可以说象征意义远大于实际意义。而今,多媒体技术和网络技术日趋完善,在电脑和手机媒体高度普及的背景下,几乎人人都具有了信息收发自如的自媒体,为在社会范围内实现建构主义的学习环境、情境创设、合作学习提供硬件设施,而以果壳网为代表的 SNS 网站、论坛、贴吧等新媒体则为组织相同兴趣爱好的社会成员共同学习创造了情境,提供了软件设施。新媒体互动性极强的传播特性使建构主义学习理论真正在全社会范围内投入实践,而不再仅仅是一个空洞的理论。

三、促进社会教育信息对称

从受教育者的角度来说,新媒体的优势在于可大幅降低教育成本,一定程度上填平了由于社会成员的贫富差距造成的知识"鸿沟",促进了社会教育信息的对称。

在人类教育事业诞生以来的很长一段时期,受教育都只是贵族阶级的特权,教育资源不为劳苦大众所有,在这种情况下,纵使寒门子弟有心向学,却苦于求学无门。在新媒体出现之前的现代社会,高等学府、图书馆之类的教育设施的普及,使广大人民有了接受教育的可能性,但是教育资源的获取依然不够便利,教育成本仍然过高。我们试想一下,如果我们想要获取一条生活小常识,

---

① 王景胜. 借助多媒体技术实现建构主义学习环境[J]. 青海师范大学学报(哲学社会科学版),2006 (4):126–128.

在互联网出现之前，我们首先得乘车去位于市中心的图书馆，办理图书证，然后在浩如烟海的馆藏书籍中苦苦找寻，结果还很有可能得不到想要的答案。可以想象，这个过程中所耗费的时间精力无疑是巨大的，与所获得的知识不成正比。即使我们购买一套百科全书，不仅书资不菲，而且体积巨大，也不便随身携带查阅。这种情况无疑会严重消解平民百姓的求知欲望，一个普通人在工作生活之余，除非具有极强的求知欲，否则很难做到天天去泡图书馆。然而以互联网技术为支撑的新媒体出现后，情况就大大不同了，无论我们想知道什么，了解哪些知识，只需掏出随身携带的手机，打开任意一个浏览器，在百度、谷歌等搜索引擎上键入几个关键字，立即就有海量相关信息可供查阅，为人们答疑解惑，同时很多搜索引擎还提供拓展阅读，使我们对这一事物有了由点到面的深入了解，潜移默化地改变人们的认知结构。正所谓"百度一下，你就知道"。"有问题，问度娘"也已成为很多人的习惯思维。这种情况下，无论你是平民百姓还是达官贵人，只要具备一定的媒介素养，能获取的信息都是大同小异的，在新媒体语境下，"知识鸿沟"有被填平的趋势，可以说新媒体的出现促进了社会教育信息对等。

第三节　新媒体的隐性社会教育功能

一、新媒体的社会教育涵化功能

涵化是相对于濡化的一个文化学术语。涵化意指由不同的文化的个体组成的群体，因持久的相互集中的接触，两者相互适用、借用，结果造成一方或双方原有的文化模式发生了大规模的文化变迁。涵化在很大程度上取决于接触的环境、条件和频率；接触的相对地位，即谁是主要的、谁是次要的。[①]

涵化概念缘起于人类学研究，起初，"涵化"与"同化"的含义基本上是一致的，随着多元文化心理学对涵化及涵化心理的研究，1967 年，格雷维斯(T.

① 郑金洲. 教育文化学[M]. 北京：人民教育出版社，2002：112，113，114，124.

Graves)明确提出"心理学的涵化"(psychological acculturation)这一概念。他认为,"心理学的涵化是指参与到文化接触场景中的个体因既直接受到外部文化的影响,又经历自己所属文化的变迁,而发生于个体身上的变化"① 此后,著名跨文化心理学家贝理(J. W. Berry)基于对移民和土著民族研究的基础上,完善了心理学的涵化概念。完整的涵化概念应综合概括两个或两个以上文化群体成员因接触而发生文化和心理变化的双重过程:一是文化层面或群体层面,即文化接触之群体在社会结构、经济基础和政治组织等方面发生的变迁;二是心理或个体层面(psychological /individual level),即卷入文化接触的个体在言谈、衣着、饮食、行为、价值观等方面发生的变化。② 就拿果壳网来说,其中的科普文章较少的涉及文化层面或群体层面而更多地涉及心理或个体层面。果壳网中的流言百科板块中就经常用西方标榜的实证研究来纠正我国传统社会口口相传的一些所谓的"常识",比如我们从小耳濡目染并且深信不疑的"以形补形,吃什么补什么","冰糖梨水可以止咳润肺","戴近视眼镜会使眼球变突出"等等论断,就被西方的实证研究证明是谬误的,这就会使经常阅读果壳网科技资讯的用户们更多地表现出对我国传统观念的嗤之以鼻和对西方实证研究的盲目推崇,在果壳网资深用户访谈中,在被问到"对于同一个问题的相悖结论,您的潜意识里更加信服从小耳濡目染的传统观念还是科研机构的实证研究?"这一问题时,十位访谈对象中有七个人表示"更加信服科研机构的实证研究,因为实践是检验真理的唯一标准","比较信服科研机构的实证研究,因为它比传统观念更科学",而事实上,世上不存在绝对的真理,我国的传统观念往往是有据可依的,而西方的实证研究也并非神圣不可侵犯,它们经常上演相互推翻的闹剧。

029

此外,贝理更深入地探讨了卷入涵化的不同文化族群的个体在涵化过程中的态度基础,他指出,"除了个体人格特征、生活习俗、态度、文化和接触程度等因素外,还与个体因文化认同而采取的涵化策略存在较大关系"③。他根据

① T. Graves. Psychological Acculturation in a Tri-ethnic Community [J]. *South-Western Journal of An-thropology*,1967（23): 337-350.

② John W. Berry,et al. Cross-cultural Psychology: Research and Applications [M]. *UK: Cambridge University Press*,2002: 345-383.

③ John W. Berry. Acculturation: Living Successfully in Two Cultures[J]. *International Journal of Intercultural Relations*,2005,29（6）: 701-702.

涵化中的个体对自己原来所在群体和现在与之相处的新群体的态度来对涵化策略进行区分,提出了两个维度,即保持传统文化和身份(culture mainte-nance)的倾向性以及和其他文化群体交流(contact and participation)的倾向性,并且认为这两个维度是相互独立的,换言之,对某种文化的高认同并不意味着对其他文化的认同就低。① 在果壳网资深用户访谈中,在被问及"对于同一个问题的相悖结论,您的潜意识里更加信服从小耳濡目染的传统观念还是科研机构的实证研究?"这一问题时,十位访谈对象中有三位表示出一种包容的心理,"有时候信服传统观念,有时候信服实证研究,一般信服实证研究居多;因为实践更有科学性。""情感上更愿意相信传统观念,理性上比较信服实证研究;但是也不尽然,虽然实证研究更有说服力,但是某些传统观念既然能够代代相传,说明也是经过实践检验的,必然有一定的道理,不然不会流传这么久。"

新媒体为其日益壮大的用户群打造了一个有史以来最大的交流平台,为打破地域限制,融合各民族文化创造了有利条件,使全世界人民的视野不再只能局限于本国或者本地区。在这个交流平台里,每个个体都有发言权,一方面可以说出自己的想法,为别人思考问题提供参考意见,另一方面,也可以参考、借鉴别人的看法,如果抛开语言的障碍,全世界的思想和智慧都可以在密集的交流中汇聚、碰撞,优胜劣汰,占优势的思维方式和价值取向逐渐涵化处于劣势的思维方式和价值取向,实现世界范围内各民族国家的思想融合和共同进步。

二、新媒体的社会教育凝聚功能

凝聚力需要通过人们共同的思维方式、价值观念、生活习惯、行为方式等方面来实现,新媒体以其高度的交互性促使被纳入其中的用户群体形成一致的思维方式、价值观念乃至生活习惯和行为方式,就微观层面来说,这有利于增强其用户群体的凝聚力,就宏观层面来说,则有利于增强一个民族共同体乃至国家的凝聚力。就以我国这个多民族国家来说,在以前交通通讯不发达的年

---

① John W. Berry,et al. Cross-cultural Psychology: Research and Applications[M]. *UK: Cambridge University Press*,2002: 345-383.

代,各民族之间缺失文化交流,不同的宗教信仰、不同的生活习惯、不同的文化习俗,使得各民族之间多少存在着一些隔阂;而新媒体的出现为我党对各民族群众实施思想政治教育提供了传播利器,对于打破民族隔阂,增进中华民族的民族认同和文化认同具有不可估量的意义和作用。新媒体的凝聚功能不仅仅体现在打破民族隔阂层面,即使是同一民族的不同个体成员,其思维方式、价值观念、生活习惯、行为方式也存在着种种差异。在这个人际关系日益冷漠的现代社会,新媒体的匿名性是打破人与人之间的封闭状态和心理隔阂的一剂良药,这就是人们通常会将一些难于启齿的烦恼倾诉给素不相识的网友,请他们帮忙排解忧思、出谋划策。举个例子,果壳网的热门小组"情感夜夜话"就给身陷情感纠葛的都市男女们提供了一个倾诉难言之隐并寻求开导的平台,参与人数多达 326000 余人(如图 2-1 所示)。素不相识的壳友们(果壳网用户的昵称) 在这个平台上交流探讨自己在情感生活中的苦恼与忧思,寻求破解之法。一位壳友说出自己的遭遇,就会有多位壳友出言献策,说出自己对此事的看法和处理方式,这样不仅具体问题具体分析,对小组内遇到困难的个体成员表示了深切的人文关怀,而且客观上统一了小组成员的共识,使他们的思维方式、价值取向和行为方式趋于一致,从而达到局部的凝聚效果。然而每一个网络群体也不是孤立存在的,一个网络个体可能会同时参与多个网络群体,便会把这种局部的凝聚效果和共识传播到别的网络群体,形成从局部到整体的更大范围的乃至全社会的凝聚效果和共识。

热门小组　　　　　　　　　　　　　　　　　　换一换

情感夜夜话 326591人加入
世间男女,都走在这条情欲-浪漫-依恋...

[水组]-水煮果壳　　251061人加入
1、这是一个专门灌水、吐槽、版聊、...

希腊罗马神话 10134人加入
最看重神话里错综复杂的关系,最喜欢...

图 2-1　果壳网的热门小组截图

三、新媒体的社会教育疏导功能

图文并茂、视音频多管齐下是新媒体区别于连篇累牍的传统教科书的一大亮点。兴趣是最好的老师,新媒体集多媒体于一身的特性使得学习不再是一件痛苦的事,甚至是一件能愉悦身心,舒缓工作生活中的压力和不良情绪的事情。对于自制力较差的青少年群体来说,更是化被动学习为主动学习的一件法宝,新媒体能够寓教于乐,使人享受学习甚至热衷学习,这恐怕是传统教科书难以企及的最高境界。

果壳网为何一经问世就备受广大都市青年的追捧,是有其深层次的原因的,当前,置身于现代社会的大都市之中的青年们处于社会转型期,在物欲横流和充斥着各种不确定因素的社会中普遍存在一种浮躁的心理,不管是理想与现实的巨大差距、还是学业和就业的不如意抑或是社会的期望、角色的转变等等主客观方面的因素,都给以大学生和白领为主的都市青年们带来了巨大心理压力和焦虑情绪,并诱发出他们不同程度的心理问题,使他们处于"心理亚健康"的状态。在这种情况下,他们一方面需要应对巨大的工作压力和生存压力,一方面还需要不断学习新知识,不断充电,以免被日新月异的社会所淘汰。在此背景下,以果壳网为代表的科技新媒体以丰富多彩、寓教于乐的形式传播教育信息,恰好迎合了这种需求,使广大都市青年们在学习、"充电"的同时调节情绪、忘却烦恼、缓解焦虑、净化心灵,得到身心的释放和愉悦,因而科教类的新媒体具有了强大的生命力和市场前景。

第三章

新媒体环境下社会教育传播与模式

第一节 新媒体社会教育传播过程的要素与结构

一、社会教育传播过程的概念

当我们说传播是一个过程时,主要指传播具有动态性和序列性。动态性是指形式上表现为有意义的符号组合在特定渠道中的流动, 而实质上则是传播者与受传者的意义或精神内容的双向互动; 序列性指传播过程中各个环节和因素的作用各有先后次序,并按信息的流向依次执行各自的功能;当我们把传播当作一个系统时,是在静态的层面上,把传播看成是一个由相互联系、相互作用的各个部分构成并执行特定功能的有机整体,具有层次性和结构性。[①] 从传播学角度看,社会教育是有特定目的的信息传播过程。在社会教育传播的过程中,自始至终伴随着教育者与受教育者的共同参与、交互作用以及社会教育环境的变换。[②]

(一)社会教育传播过程是传播过程的特例

社会教育传播过程可以看作是传播过程在教育现象中体现的特例。因为传播过程是指传播者选择加工信息, 通过某种渠道传递给受传者并引起反应的过程; 所以也可以把社会教育传播过程理解为社会教育者选择社会教育信息,通过某种教育媒体传递给受教育者并引起反应的过程。

(二)社会教育传播过程是教育传播系统的动态过程

教育传播系统的要素包括教育者、受教育者、教育信息、教育媒体。当这四要素按一定的方式组合与联系起来时,便构成了系统的结构,且该结构是静态的;而当系统中的各要素通过信息控制相互作用时,则产生了动态的过程。因此,社会教育传播过程是一种信息传递与交互的过程,是教育传播系统的动态

① 南国农,李运林. 教育传播学[M]. 北京:高等教育出版社,2005.
② 杨葳蕤. 浅谈教育传播过程中的互动特征[M]. 现代远距离教育,1995.

过程。综上所述,社会教育传播过程是社会教育者借助传播媒体与受教育者进行社会教育信息的传递和交互的动态过程。

二、社会教育传播过程的要素

在传播学范畴内,美国传播学家H.拉斯威尔于1948年在题为《传播在社会中的结构与功能》的论文中,首次提出了构成传播过程中的五种基本要素,并按照一定结构顺序将它们排列,形成了人们称之为"五W模式"或"拉斯威尔模式"的过程模式。① 在这个过程模式中,H.拉斯威尔指出,在传播过程中应该包括Who(谁)、Says what(说了什么)、In which channel(通过什么渠道)、To whom(向谁说)、With what effect(有什么效果)这五个环节和要素,即现在通称的"传播者""信息""媒介""受传者"和"效果"。

图3-1　拉斯威尔传播模式

拉斯威尔模式的提出对于传播学研究有着重要意义。但同时也必须看到的是它所揭示的传播学规律仍停留在单向直线传播的层面上。其后,在C.香农、W.韦弗、奥斯古德和施拉姆等学者逐步完善传播过程理论的基础上,形成了对于一个基本的传播过程所应该包含的环节的普遍看法:传播者(信源)、受传者(信宿)、信息、媒介(传播渠道)、反馈。社会教育传播学是由传播学和教育学相互交叉、相互渗透而产生的交叉边缘学科。因此,社会教育传播过程在理论研究上具备了传播学和教育学中的一般规律,即在社会教育传播过程中应该包含一个基本的传播过程所具备的五个基本要素。一般认为,一个完整的社会教育传播过程需要包含以下的基本环节和要素:传播者(教育者)、受传者(受教育者)、教育信息、教育媒体、编码、译码、噪声、反馈与效果等。

---

① 转引自郭庆光. 传播学教程[M]. 北京:中国人民大学出版社,1999.

(一)传播者与受传者

社会传播行为发生在传播者与受传者之间,在社会教育传播范畴内,即存在于教育者与受教育者之间。

传播者(教育者):教育者控制着教育传播系统,拥有信息并负责发送,同时,也是反馈信息的接受者和处理者。教育者可以是教师、教材编制者、教育管理者等,也可以是携带教育信息的教育机器。

受传者(受教育者):受教育者是教育信息的接受者和反馈者。受教育者主要包括学生及其他学习人员。

(二)教育信息和教育媒体

教育传播的内容是教育信息,即教学内容。教育媒体是指承载教育信息的媒介,是连接教育者和受教育者之间的桥梁,也是实现传播系统的动态过程的必要条件。包括传统教育媒体(非电子媒体)和现代教育媒体(电子媒体),如:图书、教具、教学使用的电视、电影、电脑等。

(三)编码与译码

编码与译码是在传播过程中针对信息产生的两个相对的动作,也是教育传播过程中重要的两个环节。

1.编码

编码是指发送端把信息转换为可发送的信号,包括信源编码和信道编码两种。其中,把信息转换为符号叫信源编码,把符号转换为信号叫信道编码。当符号被转化为信号,才能把信息传送出去,成为可由受传者接收的刺激物。完整的编码过程实际上是"信息→符号→信号"的过程。

图 3-2　信息编码

2.译码

译码指接收端把接收到的信号转换为信息。译码过程包括信道译码和信宿译码,把接收到的信号转换为符号叫信道译码,将符号转换为信息意义的过程叫信宿译码①。完整的译码过程实际上是"信号→符号→信息"的过程。

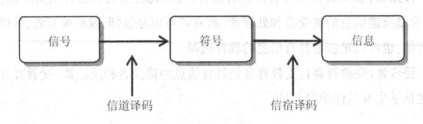

图3-3 信息译码

3.噪声

在教育传播过程中,真正实现的教育效果和预期的教育效果之间往往存在着较大的差异。这是由于在教育传播过程中会受到来自其他方面的信号干扰,直接影响到教育传播效果的实现,这种干扰称为噪声。

4.反馈

教育者可以从自身的传播行为或从受教育者接受信息后的反应行为中获得反馈。反馈可以使教育者了解传播过程中的优劣,及时调整传播行为,从而获得更好的传播效果。反馈行为的存在,表明教育传播过程具有双向互动性。

5.效果

教育传播的效果是指通过实施教育传播活动,对受教育者产生的思想、知识、技能及行为方式等的影响。教育传播过程中的各个要素和环节是相互联系、相互交叉、不可割裂的。

三、社会教育传播过程的构成阶段

社会教育传播过程是一个动态过程,包括确定信息、选择媒体、通道传送、接收与解释、评价与反馈、调整再传送六个阶段。

① 南国农,李运林. 教育传播学[M]. 高等教育出版社,2005.

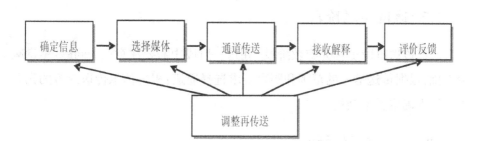

图3-4 教育传播过程的阶段

(一)确定信息阶段

社会教育者在社会教育传播过程中起着控制信息的重要作用。确定教育信息是社会教育传播过程的源头，直接关系到整个社会教育传播过程的开展与传播效果。确定教育信息主要根据具体的教育目的和某种期望的教育效果。例如：在某些培训班中，教师为满足学员对学习效果的期望、实现对学员承诺的某种效果而选择特定的教材、制定具体的教育计划。但是，这个过程会受到教育者本身的素质和知识观念的影响，因此，教育信息的科学性、目的性、系统性是十分重要的。

(二)选择媒体阶段

选择教育传播媒体实际上就是编码的过程，需要注意以下四点：(1)教育传播媒体的多样性和特定性：需要根据教学媒体是否适合该项活动来做出具体选择，这是教育传播媒体的"选择性"。(2)教育信息的传递的复杂性：不同的教育信息内容需要用不同的教学媒体去呈现，复杂的教育信息内容用多种教学媒体的组合去呈现，这是教育传播媒体的"组合性"。(3)教育传播对象的特性：学习者是有思想、有情感变化的个体。因此，使用教育传播媒体应注意不要让学习者长期处于媒体的刺激之中，而是根据学生特点适时改变所使用媒体的种类，以期获得更有效的教学效果。(4)教育传播媒体的经济实用性：只要能够完成教学目标，用简不用繁，用少不用多。①

---

① 教育传播媒体[DB/OL]. [2012-6-1]http://blog.sina.com.cn/s/blog_5ec8f9a50100clhz.html.

(三)通道传送阶段

通道传送阶段也称为施教阶段。在这一阶段中需要注意三个问题：尽量减少干扰；根据传送信号的范围和距离要求选择通道；根据信息传送内容的先后顺序要求确定教学结构。

(四)接收与解释阶段

在这一阶段中，受教育者接收信号，并将信号转换为信息。

(五)评价与反馈阶段

反馈是教育传播过程中的重要因素，它可以使教育传播过程成为双向交流的系统。[①]在本阶段中，受教育者会根据信息在解释意义后是否与教育者发送的信息含义相一致，能否达到预期的教育目标而进行评价。

(六)调整再传送阶段

教育者根据反馈与预期的教育效果进行比较，发现教育传播过程中的优劣，并对教育信息、教育媒体和教育传送通道进行调整，然后再次传播。这个阶段的进行目的在于保证传受双方信息意义的一致性。

第二节　传统的经典社会教育传播模式

一、传播学中的经典传播模式

(一)施拉姆的大众传播模式

1954 年，施拉姆在《传播是怎样运行的》一文中提出了一个大众传播过程模式，如图 3-5 所示。[②]

---

① 陈传锋,李翠白. 微格教学的教学设计模式[J]. 海南师范学院学报,2001(3):112-116.
② 转引自周庆山. 传播学概论[M]. 北京:北京大学出版社,2004:51.

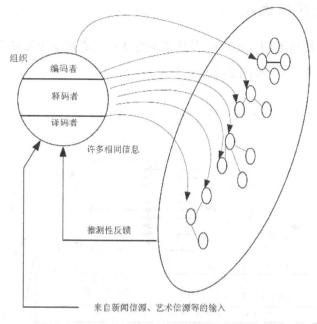

"大众受众"——
许多接收者，各自进行
译码、释码和编码——
各个接收者从属于某一
个群体，在此群体内对
讯息进行再解释，
并经常据此活动。

组织

编码者

释码者

译码者

许多相同信息

推测性反馈

来自新闻信源、艺术信源等的输入

图 3-5 施拉姆的大众传播模式

　　这个模式充分体现了大众传播的特点。构成传播过程的双方分别是代表大众传媒的"组织"和"大众受众"。这个模式可以做如下解读：作为传播者的"组织"与一定的信源相连接，经过组织内部的译码者、释码者和编码者的加工，向"大众受众"输出大量相同的讯息，这些相同的讯息被许多接受者接受后，各自进行译码、释码、编码，而接受者们也不是各自独立的，他们通常从属于某一个群体，在此群体内对信息进行再解释，并对作为"传播者"的组织做出可能的反馈。此模式在一定程度上揭示了社会传播过程的相互连结性和交织性，已经初步具有了系统模式的特点。[①] 在社会传播过程的连接性和交织性日益凸显的新媒体时代中此模式对社会教育传播过程的建构具有深刻的启迪作用。但此模式过于笼统，未对媒介组织和大众受众做出限定，并且缺失了媒介的环节。如果将此模式中的"组织"和"大众受众"替换为"教育者"和"受教育者"，再做一些相应的调整，便能大致勾勒出新媒体的社会教育传播模式。

---

① 郭庆光. 传播学教程[M]. 北京：中国人民大学出版社，1999:62.

(二)马莱茨克传播模式

与施拉姆的研究视角不同，德国学者马莱茨克从社会心理学角度切入构建大众传播过程的系统模式，如图 3-6 所示[1]。

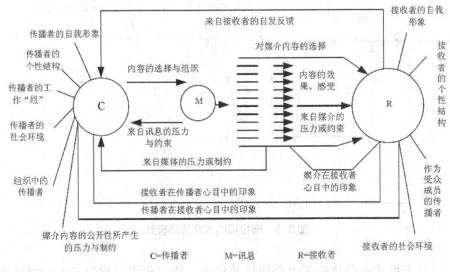

图 3-6　马莱茨克关于大众传播过程的系统模式

该模式不仅提出了制约传者的多种具体因素，还对影响受众的因素进行了详细的分析。在该模式中，学者已经开始关注受众的能动性，认识到受众对内容的感受、媒介在接收者心目中的形象以及接收者的自我形象、个体结构、社会背景等因素都会影响受众对信息的接受。虽然在大众传播媒介环境中，受众会受到来自媒介的压力，但是在基于互联网平台的传播环境下，受众具有主动选择权，对于来自媒介的压力或约束，受众可以不阅览或选择性阅览，因此，这种压力或约束被极大地削弱了。该模式还揭示了影响和制约媒介与讯息的因素———一是传播者对讯息内容的选择和加工，二是受传者对媒介内容的接触选择。此外，制约媒介的一个重要因素是受传者对媒介的印象。[2]虽然该模式早在 1963 年便已问世，但它对社会传播过程中传者和受传者心理的揭示至今仍然能为我们提供有益的启发。

---

[1] Communication–Models [DB/OL]. http://www.shkaminski.com/Classes/Handouts/Communication%20Models.htm.

[2] 郭庆光. 传播学教程[M]. 北京：中国人民大学出版社，1999：67.

纵观传播过程模式理论研究发展的历程，我们发现，几乎所有模式都是以传者为基点，从上到下地描述信息传播规律，对传播学的研究也仅仅是为了让传者掌握信息在信道中的流通规律，以便更好地控制信息的流动，取得最大限度地影响受传者思想及行为的传播目的。如果我们仔细观察受众在上述这些经典传播模式中的地位和功能，就会发现传播学者们对于受众的定位始终只是信息的接受者，即使在双向传播模式和整体互动模式中已然提到了受众的反馈，但这种反馈极其微弱，根本不足以撼动传者在整个传播格局中的强势地位；而且，在这些传播过程当中，受众还往往被视为"群体"而存在，受众的个体化特征被无视，受众对其所接受的信息的选择权很小。在进入互联网时代之后，一直在传统传播格局中跑龙套的受众在依托互联网的新媒体中逐渐上位，开始扮演主角，以自媒体为主的众多新媒体的涌现使得以广播电视为主的电子传播时代中媒介对受众的主宰已经变为受众对媒介的选择，受众的个体性特征得到充分的展现，网络传播模式已从传者中心向受众中心转移。虽然经典的传播过程模式中以传者为中心的格局已经与互联网时代的传播方式产生了一定的偏差，但一些局部的传播模式和一些亘古不变的传播原理依然对建构新媒体的社会教育传播模式具有重大的启示意义。

二、经典教育传播过程模式回顾与评价

(一)教育传播的基本模式

正如南国农《教育传播学》在总结教育传播的典型模式时所说："教育传播模式是教育实践经验的概括和总结，而教育实践是不断发展的，因此，教育传播模式也是不断发展的。所以，要想找一个能适合于各种各样的教育传播活动的绝对权威的万能模式，是不可能的。但我们也应看到，教育传播是有规律的，在掌握教育传播基本规律的前提下，构建一个教育传播模式的总体框架，以便人们能对教育传播过程有一个总体认识，这不仅是必要的、也是可行的。"可见无论教育实践如何变化发展，都脱离不了教育传播模式的总框架，即教育传播的基本模式。下面我们来剖析一下教育传播的基本模式①，如图3-7所示。

---

① 南国农,李运林. 教育传播学[M]. 高等教育出版社,2005:8,39.

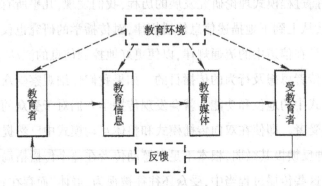

图 3-7　教育传播的基本模式

图 3-7 为教育传播的基本模式，我们可以看出教育传播系统主要由四个要素构成，即教育者、教育信息、教育媒体和受教育者。而传播不能在真空状态中进行，必然是在一定环境中进行的，故而环境也会对传播效果产生重要影响。此外，欲考察传播效果，还需要一个受教育者的反馈环节。但反馈和环境环节虽然对传播效果有着重要影响，但它们并不是传播过程的构成要素，所以用虚线表示。

(二)施拉姆—余也鲁教育传播模式

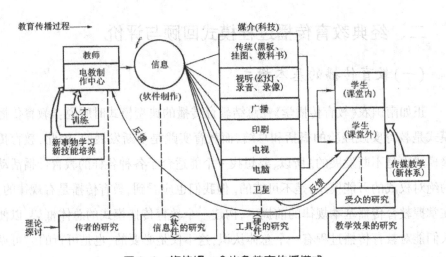

图 3-8　施拉姆—余也鲁教育传播模式

以教育传播的基本模式(图 3-7)为基础,著名传播学者、传播学奠基人施拉姆及其弟子余也鲁根据现代教育新秩序理论建构出了一个全方位、立体化的教育传播模式①，如上图 3-8 所示。

此模式建成于 20 世纪 80 年代末，可以说是当时网络尚未得到长足发展，大众传播基本以广播电视为主导的电子传播时代的社会教育传播模式。此模式将教育传播的基本模式具体化，比较全面、精准地反映了宏观教育传播的基本规律。

诚如南国农在《教育传播学》一书中对该模式的评价："该模式全面系统概括了教育传播系统构成的要素和传播过程的基本阶段，反映了教育传播系统各要素之间的关系，总结了面对面传播和远程传播的共同特点，直观清晰，可操作性强。"

更可贵的是，该模式对即将到来的裹挟着信息爆炸的新媒体时代做出了天才般的预言。它指出，要想加强传播效果，传播者必须更新教育理念，注重对新事物的学习和新技能的培养，以利于科技和媒体在教育中的应用，对于传播组织而言，还应注重人才的训练以适应当代教育的需要。

此模式可以被视作教育传播模式的一个里程碑，对新媒体视阈下的社会教育传播模式的建构具有重要的借鉴价值。

第三节　社会教育传播模式研究新发展

一、新媒体发展对传播模式研究的影响

在新媒体给社会带来深刻而持续变革的同时，也必然引发传播理论研究的更新。以 Web2.0 等为代表的新媒体的出现，为传播学研究提供了新的视角和方法，改变着传播学研究的体系，也催生出新的研究观点。由于传统媒体和新媒体的关系是在竞争中共存，在相互渗透中并进，这种传媒格局必然促进传统传播研究视角的逐步拓宽、深刻反思和积极创新，最终促使传播学新的研究成果的诞生②。

Web2.0 是相对于 Web1.0 而言的，是新一代互联网应用的统称，它是以

---

① 南国农，李运林. 教育传播学[M]. 高等教育出版社，2005：8，40.
② 梅琼林，沈爱君. 传播学研究方法新向度与新媒介环境[J]. 甘肃社会科学，2008(1)：249-253.

Blog、Tag、SNS、RSS、Wiki 等应用为核心，依据六度分隔、Xml、Ajax 等新理论和技术实现的新一代互联网模式。①Web2.0 所强调的不是人与内容的关系，而是人与人的关系。Web2.0 使得网络不再停留在传递信息媒体这样一个角色上，而是使它在成为一种新型社会的方向上走得更远。这个社会不再是一个"拟态社会"，而是成为与现实生活相互交融的一部分。然而网络社会并没有完全颠覆传统社会中信息结构的规则。从整体上看，Web2.0 是既继承了传统社会生态的特点，又具有自己特质的社会生态系统。②

新媒体时代，特别是互联网环境支持下的教育传播显示出巨大的能量，不仅提供了实时快捷的教育信息发布途径，增强了社会教育信息传播双方的互动，丰富了社会教育信息的传播形式，促进了社会教育信息量的增加，激发了教学活动参与者的创新能力，便于开展个性化学习③。

从传播学的角度看，任何传播都是从人或媒体传播到受众接受的动态过程。要完成这个过程，离不开对传播环境的了解。信息技术的发展和互联网的普及为教育传播活动提供了更为广阔的空间，以互联网为代表的新媒体的发展，冲击着传统媒体(欧阳康、汪瑜敏，2008)④。学者在对相关问题的研究中，引入了计算机说服理论和无尺度空间研究视角，分析了信息化环境下的教育传播研究，认为信息化环境中的教育传播有小众化、个性化和多元化的特点；同时，传统面授教育传播不再是教育教学的唯一形式，信息化环境下的多中心和分散性互动学习不断普及，受教育者单向和被动的传播接受，正向双向和主动的传播交互转变；传统教育中的固定授课地点和授课者在信息化环境中也发生了改变，新媒体提供更多的选择和更丰富的资源，教育传播模式必然也将随之改变。⑤

二、新媒体社会教育传播模式的新发展

关于新媒体传播模式的研究大部分集中在针对手机、博客等某一类具体媒体，缺乏全面性、系统性的研究。在此背景下，本研究对现有的新媒体社会教

① 李志杰,曾瑛,陈康,李智龙. Web2.0 技术特点与应用研究[J]. 科技创业月刊,2006(12):200-201.
② 彭兰. Web2.0 在中国的发展及其社会意义[J]. 国际新闻界,2007(10):44-48.
③ 余倩,李源. 新媒体作为社会教育信息传播媒介的优势[J]. 新闻世界,2014,02:102-104.
④ 欧阳康,汪瑜敏. 试论信息化环境下的教育传播[J]. 电化教育研究,2008(12):16-19.
⑤ 欧阳康,汪瑜敏. 试论信息化环境下的教育传播[J]. 电化教育研究,2008(12):16-19.

育传播模式案例进行了系统分析,构建了新媒体的社会教育领域的传播模式,以促进和优化基于新媒体的社会教育传播效果。

　　中国人民大学匡文波教授在国内外针对新媒体的定义及特征研究的基础上,提出了新媒体的分类,将新媒体分为网络媒体、数字广播电视媒体和移动媒体三大类①,再进行细分,列举出各类新媒体。参考该分类方法,本研究分别选择微博、数字电视和手机媒体作为网络媒体、数字广播电视媒体和移动媒体三类新媒体中的代表性媒体作为案例研究对象。在拉斯维尔的"5W"传播过模式和香农–韦弗传播模式基础上,结合案例分析的具体情况,本研究将从传者和受者、信息、效果、干扰四个方面对各案例模式进行分析。

(一)网络媒体传播模式分析——以微博为例

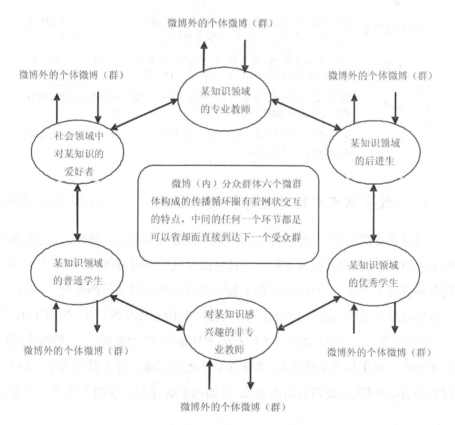

图 3-9　微博在教学应用中的传播模式

① 匡文波. "新媒体"概念辨析[J]. 国际新闻界, 2008 (6): 66–69.

在探讨微博应用于教育的可行性方面，侯小杏和张茂伟分析总结了微博特点，指出微博与教育相结合的可能性和对策，并提出了微博在教学中应用的传播模式①，如图3-9所示。该模式强调师生之间、生生之间的交流活动，其传者和受者主要涉及专业教师、非专业教师、优秀学生、普通学生和爱好者六个微群体，微博内的群体都可以对感兴趣的某知识(传播内容)进行发布、传播和接受，还可以对群体外的个体进行下一级的传播，由此一级一级建成微博的庞大传播网络。胡钦太等通过设计、实施微博教育的传播应用，证明其传播内容能够影响和促进各类师生的学习，并促进各知识领域、社会领域等之间的文化交流传播效果。②

表3-1　微博在教学应用中传播模式各要素分析表

传播要素	特征分析
传者和受者	微博用户草根化，降低了门槛，促进了微博信息的广泛传播；使用者既是传者又是受者，扮演双重身份，共同成为传播的主体
信息	面对某知识领域，各类师生(人、群)利用不完整、较宽松的时间，完成对事物或某一知识点的学习、消化，提升交流的频率和深度
效果	裂变式信息传递，传播频率、速度、转发功能呈现放射式几何级数效应，形成分众的广播模式
干扰	缺乏相应的教师引导和学生行为管理机制，易导致偏离交流话题、交流深度较浅等问题

(二)数字电视广播媒体传播模式分析——以数字电视为例

周勇学者提出了"电视会终结吗？"这一问题并对其进行研究，认为电视媒体未来的命运，在很大程度上取决于其传播模式的颠覆与重构。周勇首先对传统电视进行了分析，认为传统电视是基于资源垄断的封闭传播系统，其最显著的特征就是封闭性，包括内容的封闭、传播的封闭和接受的封闭，如图3-10所示。在这个系统中，传统电视居于绝对的主导地位，作为视听产品，传统电视内容和渠道均处于长期垄断状态，受众的个性化需求难以真正得到满足。然后针对数字的电视特点，以内容的离散化、传播的多级化和接收的个性化三个方面

---

① 侯小杏, 张茂伟. 微博在教学应用中的传播模式研究[J]. 琼州学院学报, 2011, 18(4): 83-84.
② 胡钦太, 程伊黎, 胡晓玲. Web2.0 环境下微博的教育传播效果研究 [J]. 电化教育研究, 2012(7): 11-14.

为切入点,构建基于新媒体环境的数字电视传播模式①,如图 3-11 所示。该模式表明,未来电视的传播将不再是基于频道和栏目(节目)的单向线性传播,而是基于碎片化信息的、由电视及其观众两大主体共同完成的多级传播。

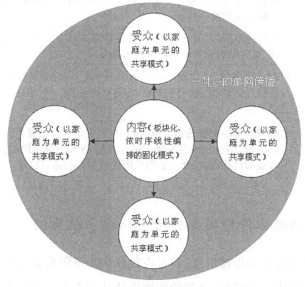

图 3-10 传统电视:基于资源垄断的封闭传播系统

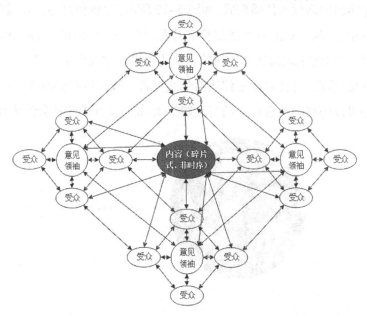

图 3-11 基于新媒体环境的数字电视传播模式

① 周勇. 电视会终结吗? ——新媒体时代电视传播模式的颠覆与重构[J]. 国际新闻界,2011,33(2):55-59.

表3-2　数字电视传播模式各要素分析表

传播要素	特征分析
传者和受者	传者与受众在互动中具有受者与传播者的双重特征,并逐步形成一批意见领袖
信息	从传统电视以"时序"为主线的编排方式转变为"碎片式、非时序"的、更为贴近受者个性需求的编排方式
效果	与互联网结合,实现电视信息的反复、多次、多级传播。电视信息提升传播价值,打破传统电视不可逆转、不可重复的线性传播局限
干扰	电视信息的多级传播情况过程中,电视信息在反复传播中价值得以提升,但也使电视传播的效果变得越来越难以控制;电视信息传播的过程,有待介入适当的舆论机制进行必要引导

(三)移动媒体传播模式分析——以手机为例

用手机媒体发送和传播信息,学者卢壮壮认为不需要通过特定"把关人",大众在海量信息中寻找信息,手机的便携性使社会上人人都成为媒体,从而提出手机媒体的网络螺旋传播模式,如图3-12所示。手机信息的传播过程,在该模型中显示,是从一点出发呈螺旋状上升发至另外一个焦点[①],体现传受双方的互动性。手机的出现为教育传播的分众化和多元化提供了实现途径,使教育信息更直接、准确、有针对性地传达给受教育者。教育者和受教育者在信息传播过程中可以随时随地进行互动与反馈[②],形成高度互动的社会性传播形态。

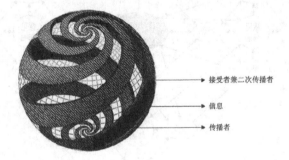

接受者兼二次传播者

信息

传播者

---

① 卢壮壮. 手机媒体的传播模式分析[J]. 有线电视技术,2011(4):99-100.

② Milrad M, Spikol D. Anytime, anywhere learning supported by smart phones: Experiences and results from the MUSIS Project[J]. *Educational Technology & Society*, 2007, 10(4): 62-70.

图 3-12　手机媒体的网络螺旋传播模式

表 3-3　手机媒体传播模式各要素分析表

传播要素	特征分析
传者和受者	传者和受者可以互换角色,传受双方多元互动,实现了传受双方的对等
信息	传者和受者根据实际需求选择相关的教育信息和服务,或根据需求重组、传递或定制不同的信息,并在传者受者的互动中不断丰富手机传播的信息[①]
效果	交互的信息传播不断加入传播者的想法和意念,使得信息量膨胀、整合,以实现传播效果的深度和广度
干扰	存在失范问题,如垃圾短信、虚假信息、手机传播病毒等显得格外突出;需引入行政监管制度,结合行业自律、民间管理来规范手机信息的传播

(四)新媒体的教育传播模式关键要素分析总结

在上述微博、数字电视、手机等案例分析的基础上,新媒体在教育传播过程中有四个共同点。

1. 传、受双方互动化

互动性是新媒体的本质特点。在新媒体的传播过程中,传、受双方一直处于互动之中,新媒体的用户同时兼顾信息传播者和信息接受者的角色。同时,在互动中,逐渐产生了"意见领袖"。"意见领袖"不同于以往的专家学者,他们不一定具有深厚的专业知识,却拥有较高文化素养和独立判断能力,在新媒体信息的传播过程中起着"控制阀"的作用。

2. 传播信息碎片化

新媒体的技术进步使其传播的信息日益碎片化。微博、手机允许用户随时随地发布任何碎片化的信息;数字电视允许用户随时点播不同的电视节目而无需按照节目播放的安排在电视旁等待。新媒体打破了传统媒体的时空限制,满足了人们因时间碎片化情况越发普遍所带来的需求。

3. 信息传播裂变式

---

① Gedik N, Hanci-Karademirci A, Kursun E, et al. Key instructional design issues in a cellular phone-based mobile learning project[J]. *Computers & Education*, 2012, 58(4): 1149-1159.

基于新媒体的互动性，使其裂变式的信息传播成为可能。在信息传播之初，信息是在个人与个人之间传播。比如说，你在网上发了一条微博，你的朋友看见了，转发了你的微博，此时，该条微博信息是在你和你的朋友之间传递。如果，你朋友的朋友因为你朋友的转发而又评论或转发了你的微博，此时，信息的传播进入个人–大众阶段。依此类推，随着更多用户的加入和不同互动的发生，信息的传播最终会进入大众–大众阶段，并会持续一级一级裂变下去。

4. 缺乏管理监督机制

在新媒体的传播过程中，出现了或轻或重的信息传播问题，如交流的负面效应、传播效果难以控制、传播失范等等的问题伴随而生。因此，需要在传播模式中加入相应的管理监督机制，以引导和规范传授者的行为。

第四章

新媒体社会教育传播模式的构建

结合社会教育的特点,并通过对以上几个有代表性的、有启发性的新媒体传播模式案例进行深入分析,本研究明确了这些新媒体在传播过程中各要素的地位与作用、共同特征、发生联系之后的性质与功能的简化形式,进而通过特征归纳和一般性理论的演绎过程,构建新媒体社会教育的传播模式①。

第一节　新媒体社会教育的互动循环模式

新媒体社会教育的互动循环模式如图 4-1 所示,在信息传播开始,传者通过新媒体将碎片化的内容传播给受者,受者对接受到的内容进行自主的、主观的加工后,再把该内容传播给另外的受者或原来的传者。此时,信息实现二次传播,一次传播中的受者同时为二次传播者,一次传播中的传者有可能成为二次传播中的受者,传、受双方角色发生互动。如此循环往复,实现三次、四次……n 次传播。该模式聚焦内容传播的过程中,传、受双方角色的互动变化,及在该互动中推动信息不断循环向外扩散传播。

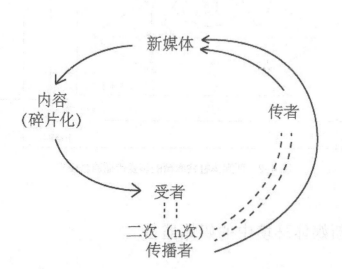

图 4-1　新媒体社会教育的互动循环模式

① 胡钦太,林晓凡. 基于新媒体的社会教育传播模式构建研究[J]. 电化教育研究,2014,05:5-10.

第二节　新媒体社会教育的裂变传播监督模式

新媒体社会教育的裂变传播监督模式如图 4-2 所示。鉴于新媒体信息传播裂变的特点，易为不良信息的传播提供方便，为使信息传播得以健康、有序、合理进行，保护新媒体用户避免、减少不良信息侵蚀、影响，亟需对信息的传播过程进行监督。该模式聚焦信息传播过程中的裂变传播和监督机制，模式将传播的监督环境分成以下三个阶段。

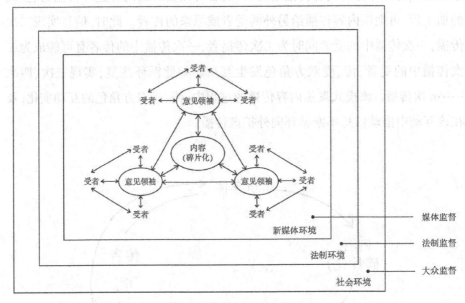

图 4-2　新媒体社会教育的裂变传播监督模式

一、新媒体环境中的媒体监督

当信息开始传播时，仅在一定的范围中进行，此时，各种新媒体充分发挥起互动、共享等优势，对传播的内容进行实时、及时的监督。如微博安排专门的人员对网民在微博上发布的信息进行 24 小时监督，对其中不符合事实的、违反相关规定的微博信息进行内容删除、屏蔽、用户追踪等。

二、法制环境中的法制监督

法律保障人民享有言论自由、知情权等权利，但前提是在法律范围内。国家通过立法、执法对信息的传播进行有效监督，对虚假信息、传播失范等现象进行依法打击。

三、社会环境中的大众监督

信息的多次传播过程产生了众多的受者，在这些受者当中，坚持正能量的，会渐渐产生，成为信息"把关人"角色即意见领袖，信息不断地在受者和意见领袖中进行裂变传播，大众监督成为最广泛的监督方式。大众可通过与其他受众交流，向相关机关、某一新媒体举报等方式对信息的传播进行监督。

第三节　新媒体社会教育的分级传播模式

新媒体社会教育的分级传播模式如图 4-3 所示，该模式聚焦信息的分级传播，模式将传播过程分成以下三个阶段：

一、个人–个人、个人–群体级别

信息在小群体、小范围内进行传播，当传者将碎片化的内容传播给受者，受者将接收到的内容反馈传播给传者，或将该内容传播给另外一位受者、群体，传、受者双方的角色处于互动进行之中。

二、个人–大众、群体–大众级别

第一阶段中新媒体所承载的内容和信息，向第二阶段传播，新媒体中的媒介融合，给信息的传播带来更为广阔的平台，信息开始从群体向大众进行传播。同时,信息在传播的过程中传者、受者不断地补充和丰富。

三、大众 –大众级别

由于新媒体中各媒介的日益融合,传播的内容、范围和效果成几何裂变状扩大,信息的传播不再局限于群体内,个人、群体与大众互相融合、交互,新媒体传播的作用和价值完全彰显。

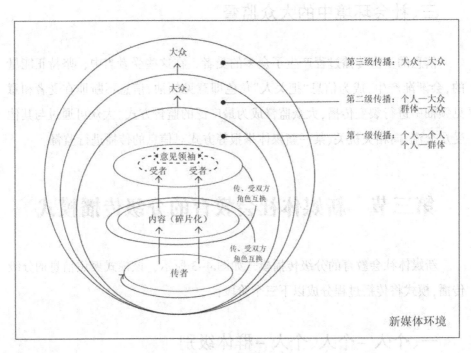

图 4-3　新媒体社会教育的分级传播模式

第五章

移动媒体社会教育传播模式分析

第五章

第一节　基于工作的移动媒体社会教育功能分析

随着移动学习概念的提出,通过使用手机、平板电脑、掌上电脑、psp、移动视听设备(如 MP3、MP4、MP5)等移动媒体开展学习活动,在专业学习领域和以工作为基础的教育领域引起专家极大的研究兴趣。从开始的概念研究,到后来在学习中使用移动设备,研究的重心总是落在技术使用,如研究如何使用移动设备将系统知识有效地展现出来并应用于学习和个体能力发展, 或者是试图将现有互联网上的学习内容搬迁并使之适应到小屏幕的移动设备上。[1] 本研究将以基于工作的移动媒体社会教育的概念出发, 探讨移动媒体在正式和非正式的工作环境中的社会教育功能及其传播模式的构建与优化。使基于工作的移动学习可以为学习者职业生涯过程中的不同阶段的学习情况和学习形式提供连接与跨越,为学习者的终身学习和职业学习提供支持,从而充分发挥移动媒体的社会教育功能及其价值。

图 5-1　移动学习

① Pachler, N. , Pimmer, C. , & Seipold, J. Work-Based Mobile Learning:Concepts and Cases [M]. *Oxford, Bern, Berlin, Bruxelles,Frankfurt am Main,* New York, Wien: Peter-Lang, 2011.

一、基于工作的移动媒体社会教育的概念

移动媒体是指利用电子信息技术、通信技术研究而出的终端设备,具有地理位置上的灵活性,功能类似电脑的手持设备,可以满足流动人群视听需求,能够进行传播信息的新媒体。主要包括智能手机、平板电脑,移动电视,PSP游戏机,电子书等。本文中提到的移动媒体专指智能手机媒体和平板电脑,即以无线通信网络为传输基础,通过移动终端,实现各种文字、图片、音频、视频等媒体内容传播的新媒体。

移动媒体借助无线上网技术,集文字、声音、影像形式的信息传播于一身,以分众为目标,进行定向互动。它具有随身性、流动性、分割性、即时性等特征。

随身性又可称为可携带性。我们将笔记本电脑又称为便携式电脑,移动媒体与笔记本电脑相比,更小巧,携带更方便。现如今,移动媒体在移动性上超越了以往任何一种传播媒体,真正突破了电脑终端的限制,打破了地域界限,其代表智能手机拥有声音和振动的提示,做到与信息同步,使其使用者可以在任何时间、任何地点进行点对点、点对面的信息发布。

流动性指随时随地可用。无论你身处何方,无论你处在何时,只要你手持移动媒体,你就可以将身边的人、事、物、景上传到网络,与亲朋好友共享,分享生活的点滴,实现个性化传播。人们不但可以在家里读书看报看电视,也可以在公交车上、地铁中、电梯中完成同样的行为,"想听就听,想看就看"变成可能。随时自主的安排自己收取信息、进行娱乐、实现互动的理想成为现实。移动媒体的出现,使人们的生活不再受时间和空间的限制。

分割性体现在日常生活中。例如,我们经常见到同学或者同事在工作之余,拿出手机或者平板电脑点几下,并傻傻发笑;也经常看到很多人一边等车一边低头玩手机,面部表情不断变幻,虽身处公共空间却沉醉于自己的私人领域内;我们自己也会在吃饭时端着移动媒体,往口里送饭菜之时,眼睛还目不转睛地盯着移动媒体上放映的电视节目。这些都是移动媒体分割性的表现。移动媒体将时间切割成若干部分,人们可以在同一时间进行多种活动,也可以在不同时间进行一种活动,然后再将这些被分割的时间拼凑、交织起来,组成完成的时间行为。例如,学生可以一边学习一边使用移动媒体安排自己的约会。

即时性是指移动媒体的使用可以实现瞬间快速传播。不但满足了实时的需求，也满足了即时和同时的要求。我们经常做的一些行为，如在和朋友攀谈时，突然聊到某一话题，而自己又不是很了解，这时候就会立即使用移动媒体去搜索我们所需要的信息和咨询，从而能够和朋友继续交流下去，营造一个和谐舒适的氛围。前文已经提到，本研究界定的社会教育是指：除学校教育和家庭教育以外的，社会全体成员所进行的有目的、有系统、有组织、独立的教育活动，目的是达到"协同体的提升"与"自我的扩张"的统一。

基于工作的移动学习是属于移动学习的一种类型，从其过程来看，是指在不断变化的、新的、跨越式的工作环境中，通过手机、平板电脑、掌上电脑、psp、移动视听设备（如 MP3、MP4、MP5）等移动媒体进行不断的学习，从而获得工作所需要的知识。[①] 该定义的应用范围广阔，这里的"工作"指的是动态性质的工作，如为了增强工作的基础教育，包括正规教育、非正式进修等，或者说不同程度的学习环境。同时，它也可以指职场中学习和一系列以正规教育为基础框架的学习，如高中、大学、职校或技校学习等。也就是说基于工作的移动学习并不是只用于狭义的工作培训与职业学习，它可以是学习者在工作之前准备阶段的学习，这一学习过程包括了基础教育与高等教育的各个阶段；也可以是工作中的培训与学习，如职前教育、入职培训、在职学习等；还可以是工作后的进修阶段，包括离职学习、升职教育等。

就如每一次技术革新一样，在教育实践的过程中使用移动设备而衍生的移动学习就是一种技术创新，充实了现有教育的实践范围。但是从其使用的情况来看，则是类似以教师为中心的传统教学方法。[②] 而以工作为基础的移动教育，却是以真正的技术来增强学习，特别是移动学习。[③] 从文献的研究结果显示，许多专家预计在不久的将来，提供个人学习内容的企业移动学习在手机上

---

① Pachler，N.，Pimmer，C.，&Seipold，J. Work-Based Mobile Learning: An Overview [A]. In N. Pachler，C. Pimmer&J. Seipold （Eds.）. Work-Based Mobile Learning: Concepts and Cases[C]. Oxford，Bern，Berlin，Bruxelles，Frankfurt am Main，New York，Wien:Peter-Lang，2011.

② Attwell G, Cook J, Ravenscroft A. Appropriating Technologies for Contextual Knowledge: Mobile Personal Learning Environments [A]. Miltiadis D, et al. Best Practices for the Knowledge Society. Knowledge, Learning, Development and Technology for All, Paper presented at the Second World Summit on the Knowledge Society [C]. WSKS 2009, Chania, Crete, Greece, Springer-Berlin Heidelberg, 2009: 15-25.

③ Kraiger K. Third - generation instructional models: More about guiding development and design than selecting training methods[J]. *Industrial and Organizational Psychology*, 2008, 1(4): 501-507.

将占统治地位。①这是因为基于工作的移动学习具有与传统概念上的移动学习不同的特点。

二、基于工作的移动媒体社会教育功能分析

基于工作的移动媒体社会教育功能主要是：它不仅便于学习者创建和共享学习内容，而且有利于学习者在工作中学习，在学习中解决工作所遇到的问题；学习者不仅能够结合个体和社会学习，同时也跨越了正式和非正式的学习环境，通过移动媒体进行学习具有更大的潜力来支持非正式的工作和学习环境中的教育。

(一)创建和共享内容

相对于常规的移动学习，使用移动设备访问已缩小的 E-Learning 内容应该是最直接的学习方法，这种方法的优点是可以在任何时间和地点将学习内容传送给学习者。而基于工作的移动学习，在学习个体上的选择范围上更广，可以是一般的学生，或者是任何工作性质的职员，如银行家、工人甚至是司机。②其次从教学的角度看，基于工作的移动学习比常规移动学习更有前途，它以学习者为中心来创造和共享学习内容，如音频、图像和视频等多媒体资料。比如来自不同背景的学习个体可以采用移动技术来创建和分享自己的学习内容。Brandt③等人曾做过一个关于医院中如何使用重症监护室相关设备的培训案例，他们通过摄像，将护士在实际照顾重症病人，使用、操作相关医疗设备的顺序记录下来。然后通过移动设备(如笔记本电脑)进行演示，并要求他们进行评价、反馈，从而使同行获得了相同的经验。基于工作的移动学习也可以

① Pimmer C, Gröhbiel U. Mobile Learning in corporate settings: Results from an Expert Survey [DB/OL]. [2015-11-01] https://www. researchgate. net/publication/229004661_Mobile_Learning_in_Corporate_Settings_Results_from_an_Expert_Survey.

② Stead , G. , & Good , M. . Mobile Learning in Vocational Settings: Lessons from the E-Ten BLOOM Project [A]. In N. Pachler , C. Pimmer & J. Seipold(Eds.). Work-Based Mobile Learning:Concepts and Cases [C]. Oxford , Bern , Berlin , Bruxelles , Frankfurt am Main , New York , Wien: Peter-Lang , 2011.

③ Brandt, E. , Hillgren, P.-A. , & Bj rgvinsson , E. B. Self-Produced Video to Augment Peer-to-Peer Learning [A]. In J. Attewell & C. Savill-Smith (Eds.). Learning with Mobile Devices. Research and Development [C]. London: Learning and Skills Development Agency , 2005:27-34.

要求有相关技术经验的学习者使用移动技术自己制作数字化故事，分享给他们的同龄人或者同学、同事、同行等，这些数字化的故事可以制作成不同的语言版本，通过移动设备使同伴获得相关知识。从这两点上看，基于工作的移动学习方式可以通过手机等移动设备使学习个体进行更有意义的主动知识建构，可以通过生成和分享视频、分享文字等多媒体资料方式进行学习，同时也为个体学习、同伴学习或者反思性实践等提供了机会。当然，其中的移动设备（如手机）的集成功能成为生成和共享多媒体资料的关键。①

（二）在工作中学习

一般学校的教学培训系统提供给企业员工的是标准的培训形式，即员工们想要获得与现有工作相关联的知识通常都是在远离工作的情况下获得的，这种知识是抽象的，与现有的工作没有直接的联系，学习者所学到的知识不一定能够应用在他的工作中。基于工作的移动学习却通常发生在工作过程中，也就是学习个体在工作过程中，面对其碰到的问题，使用移动设备直接学习相关方面的知识，这证明了基于工作的移动学习连接工作与学习的方便性，即在学习中工作与在工作中学习。② 移动设备支持学习者在工作过程中，利用自己本身已有的知识，结合刚学习的抽象知识，通过访问知识点或搜索内部网去面对工作挑战。如 IBM 最近的一项研究结果就印证了这样的观点。IBM 最初考虑让公司 25,000 名员工"随时随地"地使用智能手机学习已开发的微型课程，但他们发现，几乎所有的员工都没有使用自己的手机去学习网络课件。相反，他们经常访问的资源是能提供"现场性能支持"去解决正碰到的问题的资源。这样的研究结果导致了 IBM 移动学习战略发生变化：他们不再提供一系列网络课程，而是使用公司内部的知识库网络系统，使所有员工在面对工作需要时，可以随时访问知识库，查找自己所需的内容，从而更好地支持员工的即时求解的需要。经过这样的改变，IBM 发现员工对这种工作中学习的访问量大大增加。③ 说明基于工作的移动学习并不是追求任何时间、任何地点提供学习的机

① Pachler , N. , Bachmair , B. , & Cook , J. Mobile Learning: Structures , Agency , Practices (Vol. 1)[M]. *New York Dordrecht Heidelberg London: Springer,* 2010.

② Ahmad , N. , & Orion, P. Smartphones Make IBM Smarter, But Not As Expected [Z]. American Society for Training and Development , 2010.

③ Ahmad , N. , & Orion, P. Smartphones Make IBM Smarter, But Not As Expected [Z]. American Society for Training and Development , 2010.

会,而是在有需要时能提供帮助,使人们能马上访问到相关资源。因此,如果将这种模式应用于基础教育上,也具有其教育应用价值。在这种模式下,学生可以在解决学业问题时,通过移动设备,如手机、PAD等搜索所需的知识点,来进行决策支持和问题求解,从而巩固知识,即在学习中学习。

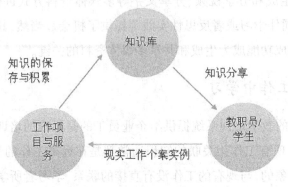

图 5-2　知识库网络系统模型

(三)结合个体和社会学习

从很多移动学习案例中可以看到,手机作为一个学习工具,可以根据任何一个学习个体的学习需要,在任意的工作场所,寻找相关主题的专家或寻找有经验的同事的帮助,从而找到解决问题的方法与途径。另一方面,通过手机的使用,可以形成一定的社交网络,这对于研究社交网络的人员来说是一个迫切的研究热点。比如说,使用社交网络可以研究人员交互的心理健康,有助于保持学习个体与社区之间的关系(特别是弱关系)。[1] 根据强度弱关系网络理论,弱连接可以为学习者和组织提供机会,尤其是工作和学习的机会,因为它们有助于与组织关系协调理念的传播和创新,从而形成个体与社会或社团之间关系的"标记",并以一种特殊形式的社会网络来实现。这说明手机可以连接个人与社会,通过互动来共同解决问题。

(四)跨越正式和非正式的学习环境

与正规的学习训练环境相比,通过手机等移动设备进行学习具有更大的

① Pirttiaho P, Holm J M, Paalanen H, et al. Etaitava—Mobile Tool for On-the-Job Learning[C]// IADIS international Mobile Learning Conference, Lisbon. 2007: 218-222.

潜力来支持非正式的工作和学习环境中的教育。因此,基于工作的移动学习更适合用来进行非正式学习。如通过短信形式要求培训者到教室或实践场地完成某项学习任务,然后通过短信形式回复完成情况。当然,移动设备也可以应用在正式的学习环境中,通过再现情境的方法,完全可以达到正式学习的效果。① 如在技工、中专院校或者是强调动手实践能力的高校中,学生一般都需要参加一定时间的实习。在学生实习的这段时间,移动设备就可以用来连接这种正式与非正式的学习环境,教师可以通过手机来指导学生的现场工作,这就像课堂学习中的情境学习法。而学生在不同的领域中实习,如公司、建筑业、旅游服务,甚至是餐饮业,他们会碰到各种问题,并尝试用自己所学的知识与方法进行解决。而对这些情况,学生们通过自己的手机,使用文字、图片、音频或视频,通过日志、微博、电话等方式发布问题,收集资料与分析结果,通过共享又可以在同伴间进行传播。教师进行回馈与评价,也可以通过设置课堂汇报,增强学习效果。评估报告表明,这种方法深受学生喜爱,可以通过手机设置学习目标,支持反思和自我评估,形成自我和同行评价。② 而这些过程与结果可以集成在电子档案袋中,允许学生和教师讨论评估,并扩展到更广泛的问题。

图 5-3 在工作中通过移动媒体学习

① Mettiäinen S, Karjalainen A L. ICT-based Software as a Supervision Tool in Nursing Students' Clinical Training [DB/OL]. [2015-11-01] http://www. doria. fi/bitstream/handle/10024/74734/ aict_2011_4_10_10017. pdf?sequence=1.

② Ellison N B, Steinfield C, Lampe C. The benefits of Facebook "friends:" Social capital and college students' use of online social network sites [J]. *Journal of Computer - Mediated Communication*, 2007, 12(4): 1143-1168.

(五)综合社会认知、社会文化和建构主义的观点

随着新技术的发展，研究人员和实践者更多地考虑使用手机进行移动学习对知识进行回忆与巩固认知效果。实际上，从丰富学习策略方面，手机所能提供的移动学习手段是比较有限的，因为媒体本身具有不稳定的有效性。即使从案例研究的数据说明"适应移动设备上的 E-learning 资源超过 1.21%的增加量"。①但从社会认知、社会文化的角度来研究基于工作环境的移动学习，可以发现，使用手机等移动设备可以提高工作中对学习资源的访问，进一步促进学习和意义的建构，②增强学生的自信心，减少工作与学习过程中的不确定性。如学习个体在工作中，可以通过手机等移动设备记录下他们的学习进度、学习过程，或者工作过程(如前面案例中说到的临床医生的手术过程等)，然后在工作之余，可以使用这些记录来进行自我或集体的评估与反馈，从而促进学习个体的反思性实践，即在行动中的反思和反思中的行动。③

另一方面，学习个体的这些记录，可以提供给其他实践者或工作者作为学习、观摩的资料。说明通过手机等移动设备参与工作中，可以增加工作中学习的社会动态性和链接性，达到移动学习的社会认知的目的，形成一定的社会文化习惯。从社会文化的角度来看基于工作的移动学习，通过手机记录和分享学习个体的工作学习过程，可以提高学习个体的自我认识和工作经验，使学习个体与相关工作领域的人员形成学习实践社区，可以提高学习个体在其中的自我接纳程度，从而对其职业生涯产生正面的激励性。而通过共享和展示自己的各种学习资料所形成的电子档案，可以促进社会网络的形成，帮助学习者更好地融合社会资源，弥补"弱关系"社会群体的建构，有助于社会观念的传播与创新，这超出了手机作为移动学习工具在工作环境中支持学习的社会教育意义。这说明基于工作的移动学习在建构主义和社会学习理论方面可以支持主动的

---

① Swanson , K. Merrill Lynch: Bullish on Mobile Learning (Case Study). Chief Learning Officer Magazine [DB/OL]. Retrieved 14. 10. 2012, from http://clomedia. com/articles/view/merrill_lynch_bullish_on_mobile_learning , 2008.

② Pimmer C, Linxen S, Gröhbiel U, et al. Mobile learning in resource-constrained environments: a case study of medical education[J]. *Medical teacher*, 2013, 35(5): e1157-e1165.

③ Coulby , C. , Hennessey , S. , Davies , N. , & Fuller , R. The Use of Mobile Technology for Work-Based Assessment: the Student Experience [J]. *British Journal of Educational Technology*, 2009, (42):251-265.

知识建构和对等学习的形成。[①]

第二节　移动媒体社会教育传播案例分析

一、基于工作的移动媒体社会教育案例分析

在当下,随着移动互联网的快速发展,基于工作的移动媒体社会教育的各类应用层出不穷, 学习者在工作中遇到困难或者难以解决的技术问题时, 随时、随地都可以快捷地运用手中的移动设备进行网络自主学习,以解决工作中的难题。基于工作的移动媒体社会教育传播的案例非常多,如网易云课堂、腾讯课堂、职教移动课堂等移动 APP 应用中的职业技能培训。本研究将结合国内外移动媒体在职业培训领域当中的应用为例, 对基于工作的移动媒体的社会教育传播进行分析。

(一)国内:基于工作的移动媒体的社会教育传播案例

1. 移动掌上通,入职培训优——利用移动媒体对新员工的入职培训案例

某互联网公司为了能够快速在新招员工中培养起一支有力的后备力量,培养他们正确的职业价值观,因此,基于他们入职初期的学习心理对原有的培训体系进行了一次系统思考和大胆变革,为这支队伍提供最合适的培养方案,方案实施计划及实施过程如下。[②]

计划①:根据新员工的学习需求,精准设计培训内容。

计划②:借助移动学习平台,挖掘 70-20-10 场景下的学习机会和价值。

计划③:引入移动学习平台优化培训设计,依据线下和线上培训形式的侧

---

① Wallace , R . . The Affordances of Mobile Learning That Can Engage Disenfranchised Learner Iden-tities in Formal Education [A]. In N. Pachler , C. Pimmer & J. Seipold(Eds.), Work-Based Mo-bile Learning:Concepts and Cases. A Handbook for Evidence Based Practice [C]. Oxford: Peter-Lang, 2011.

② 搜狐网. 用移动学习辅助新员工培养的案例分享 ,2015,from　http://mt.sohu.com/20150408/n410976233.shtml,2015.

重点设计针对性培训活动。

计划④：打通信息壁垒，鼓励培训部门–新员工–业务主管／导师的全员参与。

计划⑤：引入学习积分机制，将学习分享行为与岗位任职发展结合，鼓励思考沉淀，打造学习生态圈。

图5-4 构建学习驱动机制

(1)线下培训＋线上移动学习

互联网公司通过对培训体系建设的梳理，决定把一部分新员工培养的工作转移到自有移动学习产品上，当然，形式不重要，重要的是能够让每一种培养形式都能发挥应有的价值，那么，线上和线下培养的重点分别在哪里呢？

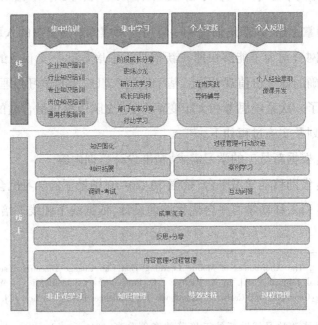

图5-5 线上线下学习结合

(2)线下:集中培训+集中学习+个人实践+个人反思

虽然互联网公司可以把很大一部分的培训课程转移到线上移动学习平台,但并未忽视集中培训在人际互动、团队影响方面的价值,于是增加了知识转化和个人反思环节。让新员工在学习和实践中梳理自己的成长、反思、沉淀、分享自己的学习成果,实现学中做,做中学,做中反思。所以在新员工入职的前一个月,公司安排了关于企业、行业、部门和岗位的集中培训,并要求每次培训

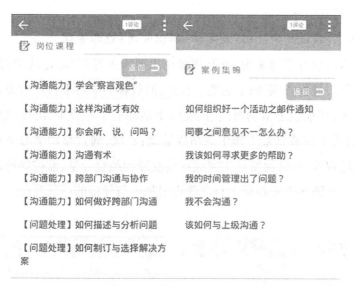

图5-6 移动学习平台中部分新员工成长档案

完成后整理学习总结、知识转化计划和工作实践反思,督促新员工完成在实际工作中的反思和分享。之后的第一、三、六个月,还安排新员工做集中的成长汇报,鼓励团队间的相互分享和竞争;除此之外,新员工由校园人转型为职场人会遇到很多心态转变问题和职场压力,公司还定期举办了新员工成长沙龙,帮助完成新员工在转型期的心理疏导和职场减压。而所有的这些成果沉淀,最后都要求转移到线上,一方面,沉淀新员工成长档案,另一方面萃取精华分享知识,丰富公司案例库。

(3)线上:非正式学习+绩效支持+知识管理+过程管理

对于移动学习平台来说,互联网公司主要着重挖掘"非正式学习、绩效支持、知识管理、过程管理"四个功能。首先,通过移动学习平台进行非正式学习和知识管理,压缩线下活动时间、固化线下活动的学习成果,沉淀精品业务案例,帮助新员工完成日常工作中的绩效辅助;其次,通过移动学习平台完成培训项目的过程管理,督促新员工完成行动改进和经验分享,监控导师的辅导过程和效果。下图 5-7 是新员工行动改进过程中与导师的一段互动。

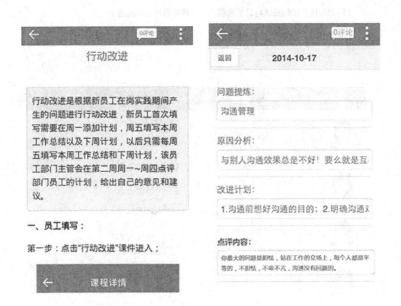

图 5-7　新员工培训行动改进课件

通过线上和线下的联动管理以及全员参与,跨部门、跨层级的交流,90%以上的新员工都已在岗位上找到自己的突出优势,有的已经被提拔为部门的业务骨干,在部门的整体发展中发挥着不可替代的作用。他们的成长不仅成就了自己,也为后期的新员工培养提供了丰富的案例和工作辅助工具。

2. 企业 O2O 培训,学员翻身做主人——兴业证券企业大学项目实践案例

兴业证券是一家全国性综合类证券公司,现有职员 1327 人,主要业务和经营指标进入行业 20 强。为了进一步提升领导力和综合竞争实力,如何高效地培养出高级职业经理人或优秀管理者是该企业要面对的重大课题。兴业证券企业大学响应互联网＋时代的要求,改变传统的以讲师为主的教学方式,转换为以学员为主的学习方式,凝练出一套"以内部为主,以外部为辅"的结构化的企业 O2O 培训模式[①]。

(1)翻转课堂,革新传统培训模式

打造以学员为中心基于训前、训中、训后三阶段的"学"、"训"、"用"一体化的培训流程[②],根据领导体系中不同阶层的特点,立足于优质培训课程资源,改变讲师传统的课堂授课方式,转变为线上线下的混合培训方式,促进学员深入思考,使得培训效果得以最大化。

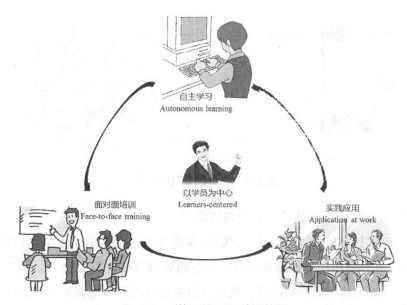

图 5-8　"学""训""用"培训体系

① 【E-learning 实战】兴业证券的移动化学习实践. [DB/OL]. [2015-11-1] http://zhaotoubiao.juhangye.com/201508/weixin_1350676.html

② 林晓凡,胡钦太,邓彩玲. 基于 SPOC 的创新能力培养模式研究[J]. 电化教育研究,2015,10:46-51.

(2)O2O 培训,营造学习互动氛围(如图 5-9)

打造致力培养一线经理人或中高层管理者的 O2O 混合式互动学习平台,训前通过 e-learning 等方式进行培训知识的学习;训中主要通过以学员为中心的方式和学员进行互动,如案例分析、小组讨论、体验拓展、情景演练、行动学习等, 从而强化学员对培训知识点的理解和运用;训后则是不断的实践巩固。通过提供无拘无束、随时随地的经验传授与分享环境,尽可能地延长培训效果①。

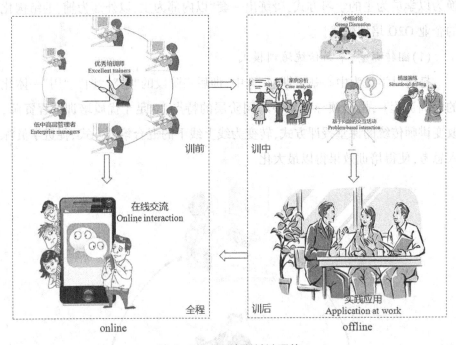

图 5-9　O2O 培训关键环节

(3)APP+微信群,体验一机培训过程

构建线上(APP+ 微信群)结合线下(面授、标杆企业参访等)的翻转课堂培训模式,充分利用内部优秀业务骨干和各级管理者的优秀经验,建立起"内部为主, 外部为辅"的讲师体系, 截止目前参加过内训师培训的人员累计已近500 名。"一机在手,万事无忧",这种一机搞定一切的体验不仅便捷高效,其自由度和人性化也让学员津津乐道。

① 结构化的企业 O2O 培训 ——中欧商业在线益友沙龙 (2014 上海站) 分享经验、碰撞创新思维. [DB/OL]. [2015-11-1]http://www.ceibsonline.com/news/show/id/122

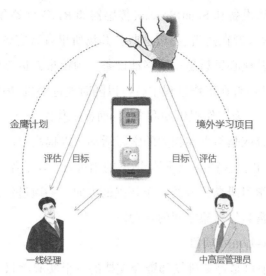

金鹰计划　　　　　　境外学习项目

评估　目标　　　　　目标　评估

一线经理　　　　　　中高层管理员

图 5-10　一机培训过程

(二)国外:移动媒体在职业技能培训当中的应用

而在国外，许多地区和国家也正在进行积极探索和实践移动媒体在职业技能培训领域中的应用。[①]

1. 法国个人培训助理(PTA)系统

法国里尔大学的 Derycke 教授的团队开发了一个叫作个人培训助理(PTA)的系统,用来探索利用普适计算技术和设备,根据不同的情境提供动态的信息内容和服务,如下图 5-11 所示。

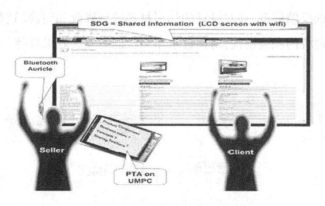

图 5-11　情境的概况和单显示组件

---

① 赵文涛. 国外移动学习成功实践[J]. 中国教育网络,2013(6):27-28.

该系统将移动设备和 SmartSpaces(传感器如 RFID 标签和蓝牙设备)结合起来,用于支持学习者在商店、超市这些公共场所里有特定音响 / 视频区域内开展学习活动。其核心思想是利用移动设备,为销售人员提供额外信息服务(如库存量等)。学习者在工作过程中就可以随时通过手机、平板等移动设备获取相关的信息内容,为工作提供便利条件;而在工作之余,学习者同样可以随时进行与工作内容或是与兴趣相关的学习活动,以提高自己的职业技能或是知识素养。为了同时支持各种不同情境下的销售者 / 学习者的辅导和学习,该项目指出了移动学习研究领域的一个新兴的方向——通过使用传感器和情境计算支持人与丰富具体对象之间的互动。

2. 丹麦 Flex–Learn 项目

Flex–Learn 项目是丹麦科技部资金支持的一个实验项目。丹麦教育大学的研究者和他们的工业合作伙伴致力于研究一种新的促进卡车司机能力发展的方式——移动视频学习。在这个项目中,研究者利用 3G 技术将移动电话和 PC 电脑作为一个学习平台,开发移动视频来促进卡车司机在实际工作场所中的体验和情境性的学习。

这些学习活动包括移动视频教练指导下的视频学习,一些补充性的学习内容和认证等。根据学习者的不同学习经验和目的,研究者设计出视频、音频、文本和混合式的数字材料,并将这些数字材料即时发布到移动学习平台上,以供卡车司机随时随地可以获取相关内容进行学习;同时,研究者会使用一种学习管理系统实时查看不同的手机和电脑上的学习活动,以检验学习效果,及时获取学习者的反馈信息,并对设计的学习材料进行修改和完善。这种学习形式得到了卡车司机的积极反馈,对促进卡车司机能力发展效果显著。

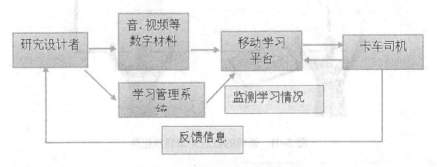

图 5-12　卡车司机的移动视频学习

二、移动媒体非正式学习案例分析

以上通过公司新员工的入职培训的案例，分析了基于工作的移动媒体社会教育传播，而在日常生活中，通过移动媒体进行非正式学习的案例更为多见。以下将以手机、微博、APP 为例，通过一组与传统媒体的比较实验，来检验利用移动媒体进行非正式学习的学习效果。

(一)实验设计与实施

实验假设在一定的策略指引下，假设学习者利用移动媒体比利用传统媒体在非正式学习中能够取得更好的学习效果。这种效果不仅包括对课程知识的掌握程度，还包括自主认知能力、媒体素养、交流程度以及学习态度等考量学习者学习成效的多个维度。其中，自变量为是否利用移动媒体开展非正式学习，即承载学习材料的媒介是否为移动媒体。因变量的测量将通过不同的形式来进行评价。

本研究采用以手机、微博、APP 为代表的移动媒体，作为非正式学习材料的承载媒介。本研究采用准实验研究法，采用实验组对照组前后测的设计。在实验前对实验者进行前测，了解其对所学知识的知识基础和学习能力的情况，利用平衡控制法将所有实验对象划分为 2 个实验小组（实验组和对照组），以此尽量保证两个实验小组的初始状态一致。实验过程中，实验组学习者利用移动媒体开展非正式学习，与此同时对照组学习者利用传统媒体开展非正式学习，两组非正式学习的课程内容相同，包括相同的学习活动和设计项目。

表 5-1　实验组对照组前测和后测实验设计

组别	实验对象人数	前测	实验处理(X)	后测	实验结果
实验组	40人	O_1	使用移动媒体开展非正式学习	O_2	$d_1=O_2-O_1$
对照组	40人	O_3	使用传统媒体开展非正式学习	O_4	$d_2=O_4-O_3$

(1)实验对象：参与本实验的对象包括 80 位在校大学生。非正式学习课程以两种形式实施：一种是学生通过传统媒体(如印刷材料、电视等)进行非正式学习；第二种是学生通过微博进行非正式学习。该课程不管以何种形式实施，

都包含相同的内容、活动和设计项目,而其他因素如年龄、学习经验等也均没有显著差异。换言之,分别接受两种不同形式教学的大学生所处的环境和初始条件基本相同。

(2)实验内容:本实验依托一门基于新浪微博开发的社会心理学课程(@一起学点儿心理学,图5-13)进行开展。内容涵盖趣味心理学、心理学小知识、人际交往心理与技巧及心理学经典语录四个章节共120条微博,形式囊括文字、图片、视频、音乐、链接及其混合形式等多种。所有内容,分散于30天内推送,利用定时发送应用从0:00起每两个小时推送一条,从当天第五条开始转发当天第一条,以此类推,平均地将120条微博推送给实验对象。其中每条微博将会出现3次,分别包括深夜及凌晨(0:00—6:00)、早晨及中午(8:00—14:00)、下午及晚上(16:00—22:00)三个时间段。相对应的,基于传统媒体的心理学课程则是在微博课程的基础上,对材料进行重新编排组织,排除了视音频内容,替换以图片、描述性文字为主的知识点合集。

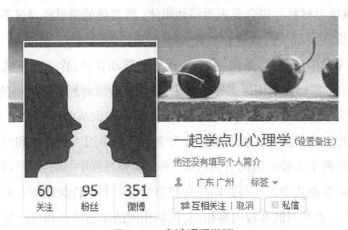

图5-13　实验课程微博

本研究通过制定实验组对照组前测后测的准实验研究方案。通过检验被试的知识水平情况以及认知水平,通过平衡控制法,将实验对象划分为2个小组。实验组对象被要求关注实验微博,使用微博进行非正式学习;对照组使用相应的内容纸质材料,被要求在平时阅读学习材料。一个月的学习后,使用一套完整的试题、量表、问卷对实验组与对照组进行测试与分析,验证移动媒体在促进学习者的非正式学习的成效。其中知识基础部分通过知识性试题进行评价,应用能力、兴趣与态度部分则通过里克特量表进行评价。在实验结束后,根据结构化观察类目表，收集实验组被试在移动媒体环境下的非正式学习中的行为表现、交互情况等相关数据,分析此类学习者在该环境下的学习行为特征。实验技术路线图如图 5-14 所示。

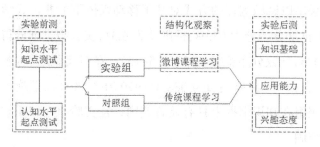

图 5-14　实验技术路线

(二)数据处理与分析

1.实验问卷数据分析

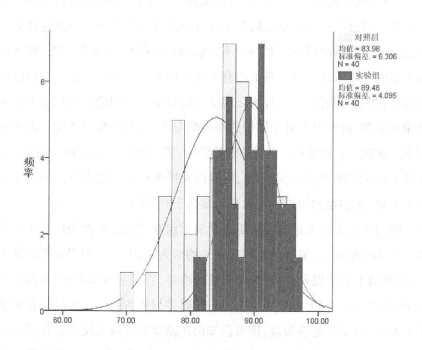

图 5-15　实验组、对照组分数分布情况图

通过对被试进行前测,随机对实验组对照组进行分组,保证实验初始状态的一致性。数据显示,在前测中,被试的知识水平平均标准分得分为 73.31,标准差为 2.17。分组后,通过 SPSS 软件对数据进行差异性检验(t 检验),保证实验组与对照组间在实验开始前不存在显著差异。针对实验对象的知识掌握情况,本研究采用以试题测评的方式对基于移动媒体下的非正式学习成果进行评价。对照组标准分得分为 83.98,标准差为 6.31,实验组标准分得分为 89.48,标准差为 4.096,分数分布情况如下(图 5-15)。在对实验组、对照组被试的差异性检验中,自由度 df=39 时,t=4.088>t(39)0.01=2.708,故拒绝零假设。即可知实验组对照组在知识掌握上具有显著差别,且实验组在知识掌握上较对照组相对更加牢固。

应用能力的部分设计的问题主要包括学习者是否有能够通过相关知识解释人们的某些行为表现以及是否有类似经历。在前测中超过一半的实验组学习者表示自己基本没有应用心理学知识解释日常生活中人们行为表现的经历,而经历了一个月的基于移动媒体的非正式学习课程学习以后,这个比例大大降低了,取而代之的则是更多的学习者认为自己存在类似经历;在实际的应用能力方面,通过学习后,原先仍存在部分学习者认为自身不存在这样的能力,而通过学习后选择"很不同意"和"不同意"的学习者已经不复存在,取而代之的是更多的学习者认为自己基本拥有了这样的能力。然而真正认为自己已经具备应用相关知识解释人们行为表现甚至拥有更高知识能力应用水平的被试的数量并不多,由此可见对于知识的深入学习来说,移动媒体环境下的非正式学习难以实现真正的辅助。在差异性检验中,实验组的自由度 df=39 时,t=3.569>t(39)0.01=2.708,故拒绝零假设,实验组对照组在应用能力方面经过学习存在显著差异,实验组的知识应用水平明显高于对照组。

在兴趣与态度方面无论是实验组还是对照组在实验前后都表现出了较高的兴趣。对实验组而言,前测的矩阵得分平均值为 4.20,而后测得分平均值为 4.25。虽然数值上有所提升,不过缺乏明显的改善。在差异性检验中,实验组的自由度 df=39 时,t=1.669<t(39)0.1=1.685,同时差异性 Sig.=0.103 也明显大于标准值的 0.05,故不拒绝零假设,即可得知两次测试的兴趣态度不存在明显差异。在进一步的问卷内容中,实验组对象却表现出对这种网络非正式学习方式极大的兴趣。如在被问及是否喜欢这种学习方式时,只有少量的实验参与者(17.5%)认为无所谓,而没有被试认为传统媒体在非正式学习中比移动媒体更

有优势。综合而言，可以推知，学习者对于使用移动媒体进行非正式学习是有较大热情的，但是这种热情更多地表现在参与教学活动上，而不是学习内容上。移动媒体可以有效地提升学习者的参与度，而影响其对学习内容的更多的仍是课程实际包含的内容安排和组织形式，而非其载体。

2. 实验组结构化观察记录分析

为了研究围绕整个微博进行的互动内容交互层次，本研究参考了严亚利等人提出的"浅、中、深度互动"的编码表（严亚利、黎加厚，2010）[①]，通过对微博特点及互动特征，设计了针对微博交流层次编码表。

表5-2　交流层次编码表

类别	子类	说明
内容深度	简单回应	少量文字的简单表达，通常表现为"学习了""赞同""同意"
	观点再认	摘录学习材料观点或事实性信息，表明自己的态度，或简单回应前面评论或学习材料主题
	浅层领会	评价学习材料主题时给出个人简单理由或简单描述个人行为或观点
	比较分享	将个人看法与学习材料观点作简单比较，分享对主题或作者的感受、交流心得体会
	归纳整合	结合学习材料主题总结个人看法，简要评论作者的写作和观点，并表明态度
数量（层数）	一层	仅有实验对象针对学习材料的评论或留言，即浅层交互
	二层	实验对象评论或留言，非本人回复其评论，则达到两次回复循环的中层交互
	三层以上	在完成两次循环基础上，继续相互回复评论，达到三次以上的深层交互

根据该编码表对非正式学习微博"@一起学点儿心理学"所推送的351条微博进行了详细分析，并参考按照下表对微博中各类型评论、转发共218条进行交互层次的编码。统计分析结果显示，72.1%的评论（157条）达到了浅度互动；23.6%（31条）的评论处于中度互动；15.1%（28条）的评论达到深度互动层次。浅度互动占72.1%，即简单回应，认同观点，参与热情一般。中度互动占23.6%，显示了被试能提出有一定价值的问题，参与热情较好。深度互动占

---

① 严亚利，黎加厚. 教师在线交流与深度互动的能力评估研究——以海盐教师博客群体的互动深度分析为例[J]. 远程教育杂志. 2010, 28(2):68-71.

15.1%,此部分互动较为深入,学习者能深入思考,且通常能够达到三层或以上的回复。综上所述,虽然在整个社群中的浅度互动较多,但是中度互动和深度互动明显仍然不足,深度互动更有待增加。

第三节　移动媒体社会教育传播模式的构建与优化

一、移动媒体社会教育传播模式的构建

移动媒体作为一种媒体,必须具有作为媒体的普遍特性。同时,移动媒体借助无线上网技术,集文字、声音、影像形式的信息传播于一身,以分众为目标,进行定向互动。如前所述,移动媒体具有具有随身性、流动性、分割性、即时性等特征。结合社会教育的特点,并通过对以上移动媒体社会教育传播案例进行分析,明确了移动媒体在社会教育传播过程中各要素的地位与作用、共同特征、发生联系之后的性质与功能的简化形式,并通过特征归纳和一般性理论的演绎,构建出以下两种移动媒体社会教育的传播模式。

(一)基于工作的自主学习模式

基于工作的自主学习模式,是学习者自主利用移动媒体进行学习的一种方式,学习者无需通过教师或是职业培训师作为中介就能直接通过多种移动设备来学习移动平台上与自身职业或是兴趣相关的学习内容。这时,控制学习过程的主体是学习者自己,这是一种以学习者为中心的社会教育传播模式。学习者的学习有高度的独立性与主动性,如图 5-16 所示。

图 5-16　基于工作的自主学习模式

运用这种传播模式，主要是学习者在工作中遇到困难或是技术难题时，自主通过移动媒体搜索职业技能培训信息与学习资料，有针对性地进行学习，以解决工作问题。而在自主学习并解决工作问题的过程中，学习者不断提高自我的职业技能。

随着信息技术的快速发展，以及学习化社会的到来，移动媒体逐渐普及，基于工作的移动媒体社会教育将受到越来越多人的欢迎与追捧。随着移动学习的平台与应用越来越多，学习成本越来越低，人们的学习将无需到学校去，随时、随地都可以进行自主学习。在工作中，在家里，在公交车上，学习者都可以按照自己的工作需要或是业余兴趣进行有效的学习。这时自主学习模式将成为一种重要的社会教育传播模式，教育也将产生一次新的飞跃与革命。

（二）非正式学习的互动循环模式

学者卢壮壮认为用手机等移动媒体发送和传播信息不需要通过特定"把关人"，大众在海量信息中寻找信息，手机的便携性使社会上人人都成为媒体，从而提出手机媒体的网络螺旋传播模式（如图 5-17 所示）。[①] 对于手机信息的传播过程，在该模型中显示，是从一点出发呈螺旋状上升发至另外一个焦点，体现传受双方的互动性。手机的出现为教育传播的分众化和多元化提供了实现途径，使教育信息更直接、准确、有针对性地传达给受教育者。教育者和受教育者在信息传播过程中可以随时随地进行互动与反馈，形成高度互动的社会性传播形态。

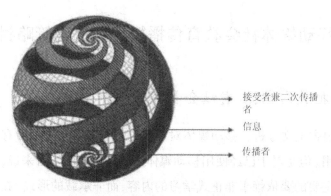

接受者兼二次传播者

信息

传播者

图 5-17　手机媒体的网络螺旋传播模式

---

① 卢壮壮. 手机媒体的传播模式分析[J]. 有线电视技术,2011(4):99-100.

在非正式学习过程中,传者将碎片化的信息内容发布在移动媒体平台上,并通过各种渠道和途径传播、推送给受者,受者对接受到的内容依据自己的兴趣、喜好或者需要进行主动选择,进行浏览、查阅或是学习,并可以将自己对推送内容的想法直接通过评论反馈给传者;同时,受者可以通过自主的、主观的加工后,再把该内容传播给另外的受者或原来的传者。此时,信息实现二次传播,一次传播中的受者同时为二次传播者,一次传播中的传者有可能成为二次传播中的受者,传、受双方角色发生互动。如此循环往复,实现三次、四次……n次传播。该模式聚焦内容传播的过程中,传、受双方角色的互动变化,及在该互动中推动信息不断循环向外扩散传播。

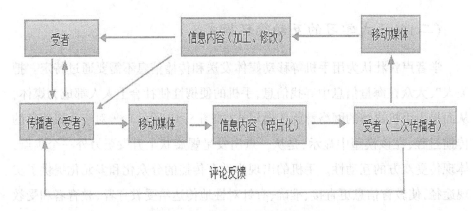

图 5-18　非正式学习的互动循环模式

二、移动媒体社会教育传播模式的优化策略讨论

(一)把关内容,激发社会教育学习者兴趣

虽然根据上文分析,移动媒体对于促进学习者非正式学习有很大程度上的帮助作用。但是对于已经使用移动媒体进行学习的学习者来说,能够激发其兴趣的更主要的要依赖于非正式学习的内容,而非承载的形式。在设计学习材料时,应当着重抓住学习者的兴趣,在最短时间内,吸引学习者。而根据移动媒体知识体系碎片化、学习参与者注意力时间段的特点,这类内容的设计应该偏

向于识记性、多媒体化,而避免过度的操作性,在研究后续的调研中,实验对象也表示了更希望这样的课程能够"拓宽自己的知识面",而不是真正地掌握某一门技能。

故而,非正式学习的资源设计者在移动媒体环境下显得愈发的重要。在网络信息化时代,移动媒体不仅承载着教育资源和信息,同时也有大量干扰教学的信息存在,如果不能把握这个度,移动媒体的前景都令人担忧,更不用说是在教育中的应用了。(张炳林、杨改学,2007)[①]。移动媒体的使用者也应该实行自律和他律。非正式学习材料的设计者应该建立健全相应的互联网管理机构监督制度,做好"把关人"的角色,以便利用好移动媒体这把双刃剑。

(二)建构社群,促进社群成员间的交流

移动媒体由于本身的社会属性,学习者很容易建立起社群和社会网络。这种社群网络不仅具有移动媒体传播效率高、传播速度快的特点,同时也有利于学习者保持学习动机,积极参与学习过程。本研究同样对于实验组被试在微博上形成的社会网络进行了分析。无论是从整体网络属性还是个体的网络属性,在数值上虽然有了一定的提升,但相比较于许多成熟的社群来说都显得十分欠缺。从前文的结构化观察记录结果也可知,虽然这样一个社会网络已经初步形成,交流也颇为热烈,但它距离一个成熟并成功的非正式学习社群有一定的距离。

因此,合理地利用社会网络的特点,引导社群内的交流是十分重要的。在一个虚拟空间之内,非正式学习资源的设计及推送者同时应扮演引导者和参与者的角色。他们在移动媒体中发布与教学相关的教学资源的同时,设定讨论热点话题,对学习者提出的疑问进行及时解答等。学习者通过添加关注成为小组成员,通过评论、留言、私信等方式和他们以及其他同伴进行积极交流互动,能更好地形成良好的学习氛围,促进相互学习。

(三)合理引导,形成充分适量的互动

在传统的人际交往中,意见领袖往往扮演着极其重要的角色。他们将在媒

---

① 张炳林, 杨改学. 浅析播客 (Podcast) 及其在教育中应用的思考[J]. 现代教育技术, 2008, 17(12): 71-74.

介信息传给社会群体的过程中,扮演着具有相当影响力的中介角色。而在移动媒体环境下的网络传播中,非正式学习中的资源设计者和推送者正扮演着这样的意见领袖,只是其构成与内涵在信息化社会中得到了更大的提升。当能够将强有力的学习材料提供给学习者或者主动与学习者进行沟通交流时,学习者很容易被激发起学习动机,从而有效地参与进非正式学习中,形成合适的互动。通过这样的互动,学习者能够更好地学到非正式学习中的知识,获得更好的学习体验。

第六章

数字视频新媒体的社会教育模式分析

——以 MOOC(慕课)为例

MOOCs（Massive Open Online Courses，大规模开放在线课程）是面向社会公众的免费开放的网络课程，发挥 MOOCs 的社会教育功能让全民在线自主学习、线上交流互动以及通过网络课程共享优质资源成为可能，为实现全民教育和终身教育等提供契机[①]。面向社会教育的 MOOCs 服务于社会大众的成千上万种潜在需求，社会大众的需求呈现正态分布曲线（如图 6-1 所示）。根据 Chris Anderson（2004）提出的"长尾理论"[②]，其中大部分的社会大众的需求是趋同的，集中于曲线"头部"的主体位置。MOOCs 的"大规模、开放性、免费、无线互联"等特征，为社会教育资源的传播提供了无限的空间，使得所有个性化和小众的需求累积起来会形成比主流需求还大的效益和市场。这些少量的需求会在需求曲线上面形成一条"长长的尾巴"（The Long tail），实现小众的极大效益。因此，开展 MOOCs 的社会教育应用模式研究，对于信息时代的社会教育，具有极为重要的理论意义和应用价值。本研究针对 MOOCs 在社会教育的应用模式进行研究，并在此基础上构建系统的面向社会教育的 MOOC 应用策略体系。

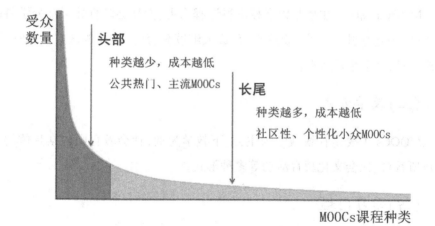

图 6-1　面向社会教育的 MOOCs 长尾效益图

---

① 胡钦太,林晓凡. 面向社会教育的 MOOCs 应用模式及优化设计研究[J]. 电化教育研究,2014,11: 30-36.

② Hart, M. A. . The Long Tail: Why the Future of Business Is Selling Less of More by Chris Anderson[J]. *Journal of Product Innovation Management,* 2007, 24(3): 274-276.

第一节　慕课的社会教育功能分析

当前 MOOC 还没有统一的定义,本研究界定的 MOOCs 是通过互联网支持大规模的学习资源、大规模人群参与的、有主讲教师团队负责的、具有开放性、自组织和社会性等特点的(Ken Masters,2011)①,授课视频、即时练习、互动论坛活动和考试测验等要素相互交织融合的教学过程②。MOOCs 与社会教育具有天然耦合和互补的特性(如图 6-2 所示)。

(一)服务对象

MOOCs 主要面对的对象包括所有能上网的学习者, 社会教育则比较广泛,除了网络学习者之外,还包括较少使用网络环境的各行各业的社会大众。

(二)教学内容

MOOCs 现阶段主要是以名校学科课程为主,而社会教育除了部分学科课程以外,还包括社区教育、职业教育、成人继续教育等,涉及领域有文化宣传、生产劳动、社会生活等③。

(三)教学方式

MOOCs 主要是在线教学为主,线下教学为辅,社会教育则包括具体的公共场所教育、社会文化教育活动等多种形式。

(四)学习门槛

无论是 MOOCs 还是社会教育均面向社会大众进行终身教育, 不设学历门槛,允许任何人在任何地方免费参与学习。

---

① Masters, K. A brief guide to understanding MOOCs [J]. *The Internet Journal of Medical Education,* 2011, 1(2):2.
② 胡钦太,林晓凡. 面向服务的 MOOCs 分析与教学设计研究[J]. 中国电化教育,2015,01:39-43.
③ 王雷. 大学社会教育研究[M]. 北京:人民出版社,2013:6-7.

（五）依托媒体

MOOCs主要依托网络学习平台，以视频、微博、SNS等作为信息呈现与交流的媒介，辅之以传统媒体；社会教育则不仅依托线上的媒体，还包括线下传统媒体，如书籍、报纸杂志、广播、电视、电影等。

综上所述，MOOCs和社会教育具有很多方面的耦合点，其服务对象趋于一致，服务宗旨一脉相承。在服务方式上，社会教育若以MOOCs为载体，社会大众足不出户便可享受教育服务；同样的MOOCs也以社会大平台运作管理，辅以诊断评价、翻转课堂、学分认证等手段，可以有效控制社会教育的学习质量，二者都有一致的出发点和宗旨，大大增加每位公民公平享有优质教育的机会。

M O O C s		社会教育
所有能上网的学习者	教学对象	各行各业、社会全体民众
各类学科专业知识	教学内容	文化宣传、生产劳动、社会生活等各个领域
在线教学为主线下教学为辅	教学方式	公共场所教育、社会文化教育活动、在线等多种形式
允许任何地方任何人免费参与学习	学习门槛	向所有社会大众开放学习
网络学习平台、视频、微博、微信、SNS等新媒体为主；传统媒体为辅	依托媒体	线下：书籍、报刊杂志、广播、电视、电影等；线上：网络平台、微博、微信、SNS等新媒体

图 6-2 MOOCs 与社会教育的耦合点

第二节 慕课新媒体的社会教育研究现状述评

一、国内外 MOOCs 在学校教育领域中的研究现状

MOOCs受到了来自全球名校的关注。它所持的信念是"将世界上最优质的学习资源，送达世界上最偏远的角落"。从社会教育的视角来看，MOOCs的

发展可以有效的促进社会教育,通过 MOOCs 的学习实现更广泛的、有深度的社会教育。MOOCs 提供了免费开放的、前沿性的课程资源,我们只要拥有一台移动智能设备和移动网络,就可以在任何地方任何时刻实现碎片化学习和无缝学习。因此在社会现实需求、网络技术和教学理念的推动下,MOOCs 在全球引起了一场"学习风暴",因此引起了国内外教育界的普遍关注①。纵观现阶段关于 MOOCs 在学校教育的研究,我们发现,国外主要集中在学习者的用户体验,国内主要集中在 MOOCs 学习平台和学习环境的研究、教与学的方式等方面。

(一)国外 MOOCs 在学校教育领域的研究现状

1. 学习者的用户体验成为研究重点

Rita Kop 和 Hélène Fournier(2013)认为应当把注意力从资源转向"人"本身,认为应当多关注 MOOCs 中的学习者,要鼓励在学习者与后续学习者之间、学习者和学习促进者之间建立联系,从而开展有意义的学习。② Duke 大学的 Yvonne Belanger 和 Jessica Thornton(2013)研究了该大学基于 Coursera 开设的"Bioelectricity"MOOCs,关注了学生的行为和成果、学生注册课程的动机、期望和体验、学生完成课程的促进因素和障碍,以及教师的体验,认为阻碍学生完成 MOOCs 的障碍包括:缺乏时间,缺乏课程相关的背景、知识和技能,不能完成从概念到实践的跳转③。

2. 从技术角度改善学习者的交互设计

Dorsa Sadigh(2012)等分析了 MOOCs 中问题生成、解决方案的产生与评分等方面的自动化,促进人机交互的体验④。De Waard IN-GE DE WAARD(2013)比较了移动技术的采用对 MOOCs 中学生交互的影响效果⑤。

① 贺斌. 慕课:本质、现状及其展望[J]. 江苏教育研究,2014(1):3-7.

② Kop R, Fournier H. Social and Affective Presence to Achieve Quality Learning in MOOCs [C]// World Conference on E-Learning in Corporate, Government, Healthcare, and Higher Education. 2013(1): 1977–1986.

③ Belanger Y, Thornton J. Bioelectricity: A Quantitative Approach---Duke University′s First MOOC [J]. *Inorganic Materials,* 2013, 38(2):522–526.

④ Sadigh D, Seshia S A, Gupta M. Automating exercise generation: A step towards meeting the MOOC challenge for embedded systems [C]//Proceedings of the Workshop on Embedded and Cyber-Physical Systems Education. ACM, 2012: 2.

⑤ de Waard I. Analyzing the impact of mobile access on learner interactions in a MOOC [D]. Athabasca University, 2013.

3. 多样化的学习评价成为研究难点

Stephen P. Balfour(2013)研究了在 MOOCs 当中使用基于机器的自动作文评分和基于真人的标准同行评议会有何差异①。Cathy Sandeen(2013)研究了 MOOCs 中的学习评价，认为 MOOCs 中的学习评价需要面对各种挑战，评价的过程和结果的获得都是个难题，各种评价方式都值得尝试。②

(二)国内 MOOCs 在学校教育领域的研究现状

本研究以"MOOC""大规模开放在线课程""慕课"等为组合关键词，在中国知网、维普网和万方数据等国内数据库检索发现，国内关于 MOOCs 教育教学的研究从 2012 年开始，处于起步阶段，其中在 MOOCs 平台和学习环境的研究、MOOCs 教学方式的研究等方面取得一些具有参考价值的成果。

MOOCs 平台和学习环境的建设与应用研究方面，袁莉、斯蒂芬、马红亮(2013)从可持续性发展、教学方法和学分认证等方面分析了当前国外主流 MOOCs 平台和机构的现状③。李华（2013）等提出构建基于 LTSA 模型的 MOOCs 学习管理系统框架，将 MOOCs 与学习管理系统框架结合起来有多方面的优势，该 MOOCs 学习管理系统框架新增交互代理和知识代理两个元件，可以促进学习资源数据库的知识不断更新，帮助学习者构建学习网络，通过不同途径获取知识④。张振虹、刘文、韩智(2013)提出可以选择博客和论坛中的一个或两个作为课外学习和交流的工具。一项关于 CCK08 的调查表明，近四分之一的受访者(23.9%)在某种程度上都把博客和论坛作为交互模式。⑤吕啸、余胜泉和谭霓(2011)提出基于发展性评价理念的网络教学平台学习评价系统的设计，结合 MOOCs 可以支持教师从多个维度去评价学生，实现过程信息的全面采集，多种评价方法的运用和多元评价主体的参与，符合 MOOCs 学

① Balfour S P. Assessing writing in MOOCs: Automated essay scoring and calibrated peer review[J]. *Research & Practice in Assessment,* 2013, 8(1): 40–48.

② Sandeen C. Integrating MOOCS into traditional higher education: the emerging "MOOC 3. 0" Era [J]. *Change: The Magazine of Higher Learning,* 2013, 45(6): 34–39.

③ 袁莉，鲍威尔斯蒂芬，马红亮. 大规模开放在线课程的国际现状分析[J]. 开放教育研究,2013，3：56–62.

④ 李华，龚艺，纪娟，谭明杰，方佳明. 面向 MOOC 的学习管理系统框架设计[J]. 现代远程教育研究，2013(3):28–33.

⑤ 张振虹,刘文,韩智. 从 OCW 课堂到 MOOC 学堂:学习本源的回归[J]. 现代远程教育研究,2013(3):21–22.

习评价理念的要求①。

国内学者在MOOCs教学方式的研究也取得一些成果。(1)关注学习者兴趣和需求,引导学习者自发学习。黄超(2013)提出从学习者兴趣和需求出发,按需定制个性化学习方案,自发组织学习圈,由漠视"人"这一学习主体的"异化学习"转化为感受到自由与创造的"快乐学习,使学习者、教学者和学习环境各要素在以人为本的原则下相互适应,呈现出开放自由、和谐共生的状态。②(2)提出生成性的导学机制。郑旭东、陈琳、陈耀华等(2014)提出建立"导学"机制,从学过课程的优秀学生中筛选出"导学者",参与到课程的建设中,使学习从单纯的"消费式学习"转向"产销式学习"。③(3)强调实践中学习。韩锡斌、程璐楠、程建刚(2014)提出学习者可以在理工科课程如编程类课程上强调"做中学"的学习方式,可以利用在线教材注释、在线虚拟实验等软件辅助信息加工过程和实践动手环节,可以在适当时间求助于教师、助教和同伴④。

二、国内外MOOCs在社会教育领域的研究现状

国外对MOOCs在社会教育领域的应用研究,主要集中于社区教育、社会公共场所教育和企业培训领域。

(一)社区教育

通过MOOCs与社区学院的合作推进社会教育工作。国外MOOCs社区教育研究主要体现在MOOCs的学分认证方面,这是因为MOOCs项目与社区学院的合作,既有利于社区学院增加社区成员的入学率,又能为MOOCs项目合作的高校提供大量的实验数据。2013年,美国已有社区学院宣布接受美国教育委员会认可的学分,将修读MOOC项目课程取得的学分与修读本校课程取得的学分予以同等程度的承认⑤(Bednar,2013)。如宾州福斯特国家网络社区

① 吕啸,余胜泉,谭霓. 基于发展性评价理念的网络教学平台学习评价系统设计[J]. 电化教育研究,2011(2):73-78.
② 黄超. MOOC 如何吸引学习者持续参与[J]. 中国教育网络,2013(9):26-27.
③ 郑旭东,陈琳,陈耀华,李振超. MOOCs对我国精品资源共享课建设的启示研究[J]. 中国电化教育,2014(1):80.
④ 韩锡斌,程璐楠,程建刚. MOOCs 的教育学视角分析设计[J]. 电化教育研究,2014(1):49.
⑤ Romain C. Recalibrating Instruction at the Community College through MOOCs [A]. Proceedings of the 2013 IEEE International Conference in MOOCs, Innovation and Technology in Education (MITE) [C]. IEEE, 2013: 143-145.

学院(Penn Foster)于 2013 年 3 月宣布接受美国教育委员会认可的学分;加利福尼亚州的圣地亚哥城市学院(San Diego City College)、圣地亚哥米拉马学院(San Diego Miramar College)和圣罗莎初级学院(Santa Rosa Junior College)等社区学院为减轻学习者经济负担,缓解教育资源紧张,已接受 Open Study 和 Udacity 等 MOOC 项目提供的学分。同年,加州大学伯克利分校准备对加州社区大学转学过来的学习者选修该校的 MOOCs 课程学分予以认可[1] (Romain,2013)。

(二)社会公共场所教育

通过 MOOCs 发挥公共社会教育场所的新功能。如图书馆领域 Bruce E. Massis(2013)通过研究发现 MOOCs 可以帮助图书馆员,通过发挥 MOOCs 作为教学模型重要组成部分扩展图书馆的影响力。[2] 博物馆领域 Yildiz 等研究者(2014)探讨了基于 MOOCs 设计移动环境下多语言与跨文化互动体验的虚拟学习空间。[3]

(三)企业培训

通过 MOOCs 提升企业培训的效率。在企业领域中,企业根据公司总体发展策略和人力资源需求,通过对各类员工和管理人员的培训,提升企业核心竞争力,营造企业文化和做好制度建设。与院校 MOOCs 相比,企业 MOOCs 以企业绩效目标作为最高的指导原则, 同时企业 MOOCs 一般开展的是针对提升员工职能的实务课程还有针对企业内部特殊的内部知识的专属课程。[4] 国外在这一方面做得比较好的有 Yahoo(雅虎),德国的 ERP(Enterprise Resource planning) 软件公司 SAP (Systems Application and products in data Processing),Intel (英特尔),McAfee (迈克菲),JLT Group 保险金融集团,

---

① Bednar, Nancy L. , MOOCs and Community College Distance Education. 2013 APSA Teaching and Learning Conference Paper [DB/OL]. [2013-1-25]Available at SSRN: http://ssrn. com/abstract = 2207216 or http://dx.doi.org/10.2139/ssrn.2207216.

② Massis B E. MOOCs and the library[J]. *New library world*, 2013, 114(5/6): 267-270.

③ Yildiz, M. , Khaddage, F. , Shonfeld, M. , Lattemann, C. , Reed, H. , Keengwe, S. & Shepherd, G. MOOCs to SIMMs: M-learning around the world [A]. M. Searson & M. Ochoa (Eds.). Society for Information Technology & Teacher Education International Conference 2014[C]. Chesapeake, VA: AACE. 2014(3): 1145-1151.

④ 廖肇弘. [DB/OL]. [2014-05-11] http://blog.sina.com.cn/s/blog_59170fb60101gal0. html

Datalogix消费者市场调查及营销大数据分析公司以及Udemy平台推出的针对企业组织提供的UFO(Udemy for organizations)服务。国内比较有名的企业MOOCs案例有深圳的华为大学,平安集团旗下的平安大学,海尔大学,华润集团的华润大学。①其中,基于SAP的openSAP为学习者提供在信息时代关于企业管理的知识。通过MOOCs课程的形式,将企业培训与管理的知识呈现在学习者面前,可以提高企业培训的效率。②

截至2015年8月,与本选题直接相关的研究成果十分缺乏,国内直接探讨MOOCs在社会教育领域的应用研究不超过5篇。其中,宋德清(2013)研究杭州萧山的社区教育和MOOCs相结合的案例,提出基于MOOCs学习的社区教育的学习内容应该是自下而上并非传统教育的自上而下,强调学习者,是多元主题共同架构的教学过程。③王聪聪(2014)提出公共图书馆应该要和高校、公司合作开发优秀的MOOCs,鼓励学习者之间互相促进和提高,深入社区集中组织培训和教学活动,建设成学习型社区④。2015年,国内已有职校采取校企共建教学资源库的模式,发挥校企合作,联结理论与应用,是MOOCs在职业教育方面的新进展(详见案例链接:校企共建职业教育MOOCs)。

而在企业教育方面,国内台湾学者廖肇弘(2013)提出未来MOOCs在企业应用的八种模式,分别为应用MOOCs提供企业员工培训;运用MOOCs延揽全球优秀人才, 运用MOOCs延揽外部讲师、培育企业内部讲师;整合MOOCs于企业大学, 鼓励员工自学及参与讨论, 促进组织学习文化;运用MOOCs于国内外知名大学策略联盟与产学研合作;运用MOOCs平台搭展企业品牌,营销和CRM的应用;自行建置MOOCs平台,针对渠道,合作伙伴、潜在客户开课;运用MOOCs群众智慧进行开放式创新⑤,这八种应用模式体现了一种由浅入深,内外兼具的MOOCs企业应用架构。国内的企业也开始重视MOOCs在企业培训中的应用,从企业的相关新闻获知,国内有华为公司的华为大学,平安集团的平安大学、海尔集团的海尔大学、华润集团的华润大学,已

① 廖肇弘. [DB/OL]. [2014-05-11] http://blog.sina.com.cn/s/blog_59170fb60101jfyu.html
② SAP, Hasso Plattner Institute. [DB/OL]. [2014-05-11] https://open.sap.com/courses
③ 宋德清. MOOC在社区教育中的应用路径探索——基于开放大学建设的视角 [J]. 远程教育杂志, 2013,(6):68~74.
④ 王聪聪. MOOC运动及其对公共图书馆建设的影响[J]. 图书馆论坛,2014,(4):54~57.
⑤ 廖肇弘. [DB/OL]. [2014-05-11] http://blog.sina.com.cn/s/blog_59170fb60101gal0.html.

在 2014 年初开始制作面向企业员工的 MOOCs。

综上述评,国内外已有 MOOCs 在社会教育领域的应用研究和实践,但由于 MOOCs 是近五年来开放教育的新生儿,专一针对 MOOCs 的社会教育开展的研究尚不多见, 当前国内外 MOOCs 在社会教育领域的应用研究普遍存在以下不足:从研究内容视角看,以技术环境建设为主,缺乏深入的应用模式思考;当前研究多注重环境的技术建设,而急需构建新型环境下 MOOCs 的社会教育应用模式,才能发挥更好的指导作用。从研究深度看,以随意散点式为主,忽略全面的系统建构。对如何发挥 MOOCs 的优势、促进多元个性的有效学习、全面的系统建构,有待挖掘和验证。

案例链接:

校企共建职业教育 MOOCs——上海济光职院《建筑施工技术》

大力发展职业教育已成为近年来的教育热点,随着"互联网 +"时代到来,运用职教 MOOC 进行教学也成为教育界的重大课题。上海济光职业学院与上海建工等企业合作,共建《建筑施工技术》教学资源库,内含大量教学视频和工作实录,通过 MOOC 联结理论教学与实际应用,是职教 MOOC 的一大典范。

(1)校企共建职教 MOOC,联结理论与应用

职业教育 MOOC 是指借由 MOOC 的形式, 使受教育者获得某种职业技能或知识、形成良好的职业道德,从而满足从事一定社会生产劳动的需要而开展的一种教育活动。传统职业教育 MOOC 一般为学校或企业单独提供,例如杭州职业技术学院提供的"女上装制作工艺——衬衫袖衩"[①] 由企业提供的慕课网 IT 技能学习平台(http://www.imooc.com/),这两类职业教育 MOOC 均有其缺点,前者偏重于理论性,而后者则偏重于技能性(如图 6-3 所示)。

学校主要提供理论教学内容 (例如讲课录像, 采用的是传统教学录像形式),不同于传统职教 MOOC 形式,上海济光职业教育学院采用校企合作的方式制作教学资源库,通过工程施工设计案例,学校主要提供理论教学内容(例如讲课录像,采用的是传统教学录像形式),企业主要提供实操教学视频(例如工程录像部分,采用的是工地实录形式),通过两者结合使学生掌握建筑工程施工技术的知识,培养学生具备独立解决工程中基本技术问题的能力。整个教

---

① 女上装制作工艺——衬衫袖衩. [DB/OL]. [2015-11-1] http://ptr.chaoxing.com/course/2484015.html.

学资源库分为基本资源和拓展资源两部分,不仅有理论教学部分,也包括实践实训的教学内容。

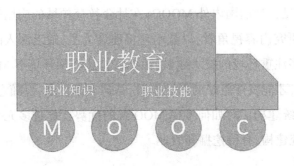

图 6-3 职业教育 MOOCs 侧重点

(2)校企合作,集"学–训–用"为一体

在校企共建的职教 MOOC 中,相较于传统职教 MOOC 有以下优势(如图6-4 所示),首先由学校提供的教学视频可以促进学生对于一项技术或技能的完整系统的理论认识,而由企业提供的基于工作场景的教学视频有利于学生通过实践综合运用他们在书本和学校里学到的理论知识,从而提升学生的技能和素养。这种校企合作模式很好地将理论和实践结合在一起,真正做到了集"学–训–用"为一体,更有利于职业型人才的培养。这种模式不仅可供高职学生和教师教学,更可用于社会从业人员的培训,是今后职教 MOOC 的重要发展。

图 6-4 职教 MOOC 发挥校企双方优势

第三节　基于慕课新媒体社会教育模式
的评价与改进建议

一、基于慕课的社会教育应用模式的优化设计——
以《现代礼仪》为例

　　社会教育面向的是各行各业的社会大众，意味着成千上万种潜在需求，因此面向社会教育的慕课要实现有效应用须首先加强顶层设计，以社会教育和大众需求为着眼点，对重点开发哪些优质的慕课课程，各门慕课课程之间的关系、建设和传播机制等一系列问题，都要进行科学总体的设计，以形成体系合理的社会教育慕课生态群。本文从中国大学慕课平台选取了《现代礼仪》作为案例进行优化设计分析。

（一）《现代礼仪》慕课课程案例分析

099

　　《现代礼仪》慕课重点是了解和掌握现代礼仪的规范和知识，提升自身的素质和修养。[①] (1)课程内容讲授礼仪概说、仪表仪态、言谈礼仪、生活礼仪、职场礼仪、社交礼仪等六个章节。课程教学以周为单位，每一章节又都包含若干个 15 分钟左右的视频，共 40 个视频。(2)教学方法：学生每周完成 4 段视频的学习、课后讨论和习题，视频形式为教学实录，包括相应的 PPT 讲稿、师生问答环节等教学过程。《现代礼仪》的主讲教师通过讲解、提问、实例等方式，较传统网络课程更注重课程的实践性。学生可以利用讨论区与主讲教师或者学生交流，教师团队提供在线答疑和两次见面会。(3)课程学习评价：平时练习讨论成绩占 60%，期末考试成绩占 40%。平时练习共 8 次，每次约 10 道习题或讨论题，期终成绩为一篇 4000 字以上的小论文。学生成绩超过 60%可以获得主讲教师的签字证书。下文将结合本研究提出的面向社会教育的慕课设计原则，

---

① 中国大学 MOOC 平台.《现代礼仪》MOOC 课程. [DB/OL]. [2014-08-16]. http://www.icourse163.org/course/hnu/GE06017#/info.

对该课程进行优化设计。

(二)《现代礼仪》慕课课程的优化设计与应用策略

1. 学习目标设计：根据社会大众需求和成人特征，采用三维目标法明确课程学习目标

《现代礼仪》慕课的课程定位于面向社会大众，仅仅掌握现代礼仪知识和技巧，不能等同于解决其工作和生活的实际问题，因此课程目标应该致力于学习者礼仪与社交能力的提升和行为改变。如何将现代礼仪知识与能力有效迁移应用并解决实际问题，才是社会大众学习"现代礼仪"的根本目的。综上所述，本研究所设计的《现代礼仪》慕课结合成人教育的特征，以社会大众在礼仪和形象塑造过程中可能面临的一系列实践情境为线索，重在"问题解决"而非"知识传授"，重在"有效迁移"而非"简单模仿"。基于此，面向社会教育的慕课采用"三维目标设计法"，确保"知识技能""过程方法"与"情感态度及价值观"等目标的三位一体。即学习者不仅能学习到礼仪的知识和能力，还能培养现代礼仪和形象塑造的方法、思维和与综合素质。同时"三维目标设计法"不仅体现在课程目标上，还贯彻到各教学单元及其子教学序列的目标设计，形成覆盖"模块-活动-步骤"的三级学习目标，这样便于学习者选课和评估学习效果。

2. 学习评价设计：充分发挥评价的管理导向功能，基于学习分析提供学习支持服务

面向社会教育慕课的学习者涉及各行各业成千上万的社会大众，其学习目标、学习起点和学习风格等差异大，因此更应借助大数据支持下的学习分析提供学习支持服务。Long 和 Siemens(2011)认为，学习分析有助于课程学习过程中优化资源配置、改善管理决策水平，及时发现学习者遇到的困难，并提供相应的学习支持服务。[①]本研究将诊断性评价、过程性评价和总结性评价结合起来，基于学习分析形成一套系统化的评价反馈体系(如图 6-5 所示)：(1)课前采用了诊断性评价。采集分析学习者的认知结构、学习风格和学习期望等数据，从而分类匹配和组合相应的教学方式、学习路径和学习资源，在一定程度上满足学习者自主学习和个性化学习的需求。(2)课中采用形成性评价。强调

① P. Long, G. Siemens. Penetrating the Fog: Analytics in Learning and Education [J]. *EDUCAUSE Review*, 2011, 46(5):31-40.

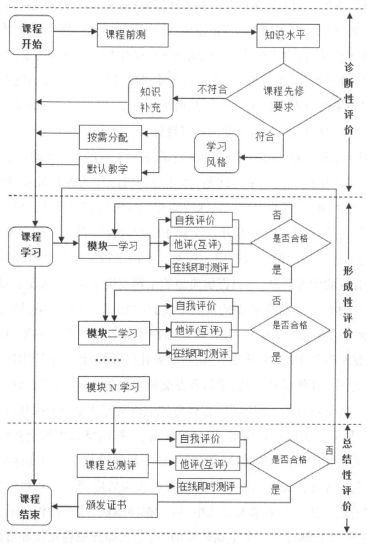

图6-5 基于学习分析的诊断性评价、过程性评价和总结性评价的评价反馈体系

即时反馈,对学习者进行持续跟进指导。通过收集学习进度、作业完成质量、对资源的使用情况、测试成绩、与其他成员互动情况、自我反思与管理情况等数据进行学习分析,从质量和数量两个维度定期诊断和反馈学习者存在的疑难问题,并展示学习成果,激励学习者不断取得进步。例如,在模块二活动一的"情境实训"中,设计开发了基于情境和问题解决的互动式情境实训。在这个互动场景中学习者将扮演林女士的角色,根据林女士面临的问题做决策,并能收到即时反馈信息和课程教师团队的专业点评。(3)注重内在因素,设计多元化的学习评价维度。成人更多的是受到内在因素(希望解决问题、增加能力和自我价值实现)而非外在因素(如考试成绩、认证证书)的驱动而学习。本慕课将自评和他评相结合,突出阶段性的诊断评价,综合考虑学习参与度、作业提交率、作业质量、学习反思质量、生成性资源质量以及与学友合作情况等一系列影响学习效果的因素和数据,[①]更多从内驱力出发,发挥学习者的主动性与积极性,向评价标准看齐,趋近预期的学习目标。

3. 学习活动设计:聚焦于解决实际问题,创设有效的学习活动和任务情境

目前慕课存在高辍学率的问题,即注册一门课程的人数很多,但实际完成的人数比例很少,其原因之一是课程的知识应用具有延后性。面向社会教育的慕课更强调知识的立即应用,不同于学校教育知识的未来应用方式,以学习者的工作或生活的实际问题为线索,有助于持续保持学习者的学习兴趣,设计有效的学习活动。(1)提供典型的工作或生活案例,诱发学习者的学习动机(见图 6-3)。优秀典型的案例不仅能激发学习者的兴趣,同时能够促进学习者反思自我的工作和生活,吸取案例中的有效经验。例如:在模块二"仪表礼仪和形象塑造"中设计了"职场仪表礼仪"的工作或生活案例,通过问题研讨、案例点评等活动,帮助学习者在交流中深化理解。(2)创设工作或生活情景,联系学习者的工作实践。媒体形式上以交互式动画和视频为主,兼有相关图文等多种媒体再现真实、模拟的场景,发挥网络课程的交互优势。在"学习导入""步骤演练"和"情境实训"等环节均创设与学习者实际问题密切相关的拟真(Authentic)情景,引导学习者形成课后应用的步骤和解决方案。例如,在模块二活动 1 的学习导入中,通过视频案例、步骤操作演示,提出思考问题为学习者创设了一个生动形象的"巧穿衣提升职场礼仪和形象"的情景;在"步骤演练"中更多地设计开放性问题,少用结构式的问答方式,致力于引导学习者构思符合自身情境的解决方案;在"情境实训"环节,鼓励学习者分享自己的具体问题,引导和建议学习者将所学立即应用到工作中,同时能在即课程模块二结束时,学习者不仅学会穿衣搭配的知识,同时针对其工作环境形成适用具体职业场合的穿衣方案。

① 胡小勇,林晓凡. 促进认知迁移的在线学习课程设计与实证研究 [J]. 中国电化教育,2011,(7):78-83.

4. 学习资源设计：以"模块–活动–步骤"形式组织学习资源，关注个性化在线学习体验

当前慕课在学习资源组织存在两类典型问题，一类仍是以教材的学科体系组织教学内容，资源的开放性特点不突出；一类是微型学习内容选取过度"碎片化"，内容组织缺乏系统性，这都导致了无法达到将知识有效迁移运用到实际情景的学习目标。对此，面向社会教育的慕课优化设计采取"模块–活动–步骤"的形式重组内容，避免归类零散、实训不完整的缺点；关注学习者的学习体验，嵌入大量观摩、操练和反思机会。具体而言，面向社会教育的慕课贯穿了完整的"问题解决"学习圈，以问题解决的一般化流程进行设计，通过慕课学习者在学习过程中持续生成学习资源和提升资源质量，并促进认知理解和迁移：(1)在课程层面，设置了"课程导学—课程内容—课程测评"的学习过程。(2)在活动步骤层面，每个活动都设计了"学习导入—步骤演练—情景实训"的学习过程。围绕学习者工作的需要设计相应的活动与任务，将活动分解为若干个问题与步骤，进而按照问题线索和认知发展次序进行组接。(3)在知识点案例层面，每个知识点案例都设计了"情境任务—分步掌握—迁移运用"的学习过程。由此构成促进社会教育效果的慕课应用模式的三个学习循环圈（见图6-6），学习内容(资源)的设计粒度从框架、模块、活动直至细化到步骤、案例、问题，使学习者的认知水平呈螺旋状递增发展。

103

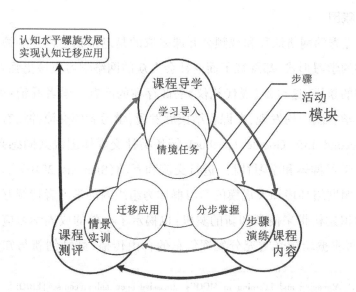

图6-6 促进社会教育效果的慕课应用模式的三个学习循环圈

每一模块和活动的内容自成体系,又支持灵活重组,学习者可以根据自己的情况选择适合的步骤和学习路径。从网络课程预设的学习路径导航图中,学习者可以清楚地看出"课程–模块–活动–步骤"的知识点及它们的关系,这有利于学习者在初始学习时建立整个网络课程的整体感知和初步印象。学习者通过导航图的超链接转入学习的知识点,从而将正在学习、已经学习和将要学习的知识连贯起来,获得较为系统的知识。学习者还可以按照自己的思维线索和认知水平,不断对学习内容进行重新选择,构建一个与学习者自身认知发展结构相吻合的动态学习路径。本慕课在具体的学习活动或步骤的环节的资源,包括预设的资源和生成性资源两种资源(见图6–3)。(1)提供恰需的预设资源和工具,满足学习者发展需求。本慕课设计了许多帮助学习者进行自主学习的资源和支持工具,在适合的时间节点提供导航线索、活动向导、案例、范例、支架工具等,以帮助学习者解决问题,有利于其对本课程进行系统深入地学习。(2)重视生成性的资源,促进学习者的实践迁移应用。课程学习过程中,师生点评、发现的新问题、优秀案例和作品等生成性资源既是深度有意义互动的成果,又是直接推动学习者知识的转化、生成、应用和传播的催化剂,因此面向社会教育的慕课将生成性资源的数量和质量列为学习评价的指标之一, 以促进学习者将所学迁移应用。

5. 学习互动共同体设计:构建在线"学习共同体",形成师生、生生持续互动的学习氛围

不少优秀的网络课程和视频公开课采取的是老师精彩讲授的视频,学生认真听讲的学习形式,却忽视了面向社会大众的网络学习应该更强调互动和主动参与的氛围,这也是《现代礼仪》慕课存在的问题。学者乔治·西蒙斯和在慕课教学实践中均发现,在课程结束后发现,学习者的交流并没有结束,而是通过 Second Life、Google、Facebook 等各类社交媒体围绕共同感兴趣的主题创建了学习群体和学习社群,进行交流和互动(Siemens, 2010)[1]。这一现象不仅说明网络环境和大规模的学习群体为组织内的学习者持续互动、汇聚信息和知识建构带来便利和新的契机;也揭示了有效的成人学习应"注重主动参与,而非被动接受",充分发挥信息的自由传播,鼓励创新与知识共享。

① Siemens G. Managing and Learning in MOOCs (massive open online courses)[EB/OL]. [2010–10–21]. http://auspace.athabascau.ca/bitstream/2149/2838/4/George_Siemens.pdf.

本慕课通过营造良好的学习共同体学习氛围,使成年学习者主动参与、获得认可和支持。本研究提出学习共同体的设计策略如下:(1)结合学习者的讨论习惯、意愿和学习者成员的异质性,组建多元化的学习共同体,帮助学习者找到志趣相投、知识互补的学伴;(2)创设情境,鼓励参与。本研究通过创设拟真的学习情境来关联学习者的经验和弥补在线学习的孤独感,激发学习动机。(3)引入游戏化的规则,组织增强学习者互动与参与的活动,包括交流讨论、资源分享、师生社交媒体的社会网络、提问答疑、闯关竞赛、评价反思(学生互评和教师点评)等共同活动,凝聚组织成员的反思、体验和智慧。例如,在模块二"仪表礼仪和形象塑造"中设置形象设计比赛活动,并提供"宴会厅、会议室、求职面试、接待大厅"等多种可选的应用情境,学习者首先结合情境进行小组仪表礼仪和形象设计;然后先在组内交流讨论和互相建议,找出缺漏与误区,并完善设计;最后组间互评出相应情境的"最佳表现组"并得到徽章奖励。同时这样比赛活动贯穿于整个模块,安排由简单到复杂的闯关环节,由基本着装礼仪到高级礼仪形象设计,比赛进展以徽章积分榜展示,提高学习成就感,充分发挥学习共同体的优势,避免独自学习遇到阻碍而停滞,保证学习持续下去。

二、基于慕课的社会教育应用模式构建

本研究整合国内外 MOOCs 在社会教育领域的研究成果,针对当前 MOOCs 的特点与不足(见表 6-1),吸纳了情境认知、游戏化学习和问题解决等理念,以教学设计理论、学习共同体理论、终身学习理论、掌握学习理论和学习活动理论为指导,尝试构建面向社会教育的 MOOCs 应用模式(见图 6-7),包含了学习目标、学习评价、学习资源、学习活动和学习互动共同体等策略,以提高社会教育学习者的学习体验和学习成效。

该模式坚持"问题解决与社会大众需求"的学习目标设计,关注学习者的用户体验,在课程设计中提供大量活动、游戏化和情境化体验的机会,逐渐引导学习者在实践问题中应用所学的知识技能。同时,面向社会教育的 MOOCs 课程设计不按照传统的教材章节式学科体系来组织内容,而是以问题解决的一般化流程进行设计,在深入分析学科内容基础上将课程内容分解后重新整

合,采取"大模块内容—小活动任务—细步骤实训"的形式进行组织重构。各模块内容相对独立且结构完整,模块之间的知识点相关但并不交叉,模块之间不一定有严格的逻辑先后顺序,不仅更符合学习者个性化学习需求,而且有利于资源的重组和二次开发。模块以需求为导向设计相应的情境案例、任务活动,渗透学科的认知发展要求。活动的设计分解为若干问题,采用"学习导入—创设具体情境;步骤演练—解决关键问题;情景实训—迁移应用知识"的模式,按照认知发展的顺序组接,同时评价和反思贯穿于活动步骤的学习过程,逐渐引导学习者在实践操作中演练所学的知识技能,获得解决问题的方法。

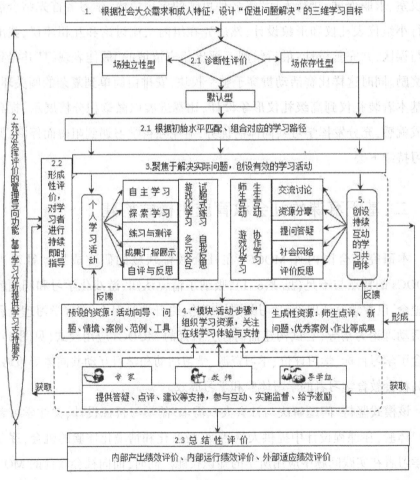

图 6-7 面向社会教育的慕课应用模式

表 6-1 当前 MOOCs 的特点、不足与本研究采取的解决策略

当前 MOOCs 的特点与不足	本研究采取的优化设计与解决策略
教学目标单一，便于大规模学习，但难以满足社会大众多样化的学习需求	学习目标设计：采用三维目标法明确课程学习目标，基于实践线索、学习者特征和需求构建分层分类的个性化学习路径
教学评价反馈及时，但缺少对学习效果的针对性跟踪指导	学习评价设计：多元评价相结合，注重内在激励因素，基于学习分析提供个性化的学习支持服务
教学内容和资源呈现形式较少，便于课程大规模开发，但难以适应非结构化性知识的学习	学习资源设计：以"模块–活动–步骤"形式组织学习资源，提供大量观摩、即学即练、及时反馈和反思等学习体验
教学方法较为传统，知识传播效率高，但用户体验有待提升	学习活动设计：创设真实情境，以培养灵活运用所学知识解决实际问题的能力为导向，将学习任务设计在多样化情境中，端正学习动机
人机互动增多，但师生交互缺失，尚未建立长期维持学习兴趣的学习氛围	学习互动共同体设计：构建在线"学习共同体"，结合游戏化和情境化的学习活动，营造师生、生生互动和主动参与的氛围

107

（一）利用情境化理念创建富有实践意义的 MOOCs 学习

目前 MOOCs 存在高辍学率的问题，即注册一门课程的人数很多，但实际完成的人数比例很少。为了解决这个问题，本研究从情境化理念入手，结合 MOOCs 的制作过程，创建一个系统化的学习过程。当前许多网络课程多停留在简单模拟操作层面的上，学习与实际问题的解决应用脱节，没有为知识技能的呈现创设真实情境，人机交互比较机械。因此，学习活动的设计应灵活、生动，形式多样化，并与工作或生活实际问题相结合，构建有意义的活动情境，激发学习者的内在动机，引导学习者灵活运用，实现知识技能的迁移。本课程在内容设计上，不但精心设计了学习内容，而且通过以下方法来预设有效的学习活动：

1. 提供典型的工作或生活案例，联系学习者的工作实践

情境化学习是指在要学习的知识，技能的应用情境中进行学习，将学习者的身份和角色意识、完整的生活经验以及认知性任务重新回归到真实融合的

状态,使课程设计更加符合学习者的学习特点,便于社会教育,全民教育的开展。优秀的案例不仅能激发学习者的兴趣,促进个体思维的提升,同时能够促发学习者反思自我的工作和生活,吸取案例中的有效经验。

2. 创设工作或生活情景,激发学习者的学习动机

在莱夫和温格的情境学习理论中,他们认为学习不能简单地视为把抽象的、去情境化的知识从一个人传递给另一个人。知识是基于社会情境中的一种活动,而不是一个抽象具体的对象;知识是个体与环境交互过程中建构的一种交互状态,不是事实;知识是一种人类协调一系列行为,去适应动态变化发展的环境的能力。而问题情境化是指教师有目的有意识地创设各种环境下的问题,以促使学习者去质疑问难,探索求解。通过问题的情境化也可以调动学习者的学习积极性,激发课堂的活力。本研究通过呈现问题的刺激模式和场景,将问题衔接于有意义的问题情境中,可以促进学习者对于知识的理解和掌握,同时也提高了学习者的高阶思维能力①。

(二)引入游戏化学习理念和娱教技术,创建游戏化的在线学习环境

游戏化学习是游戏与教育的结合,是教育新的改变。孔子有云:"知之者不如好之者,好之者不如乐之者。"可见,"乐学"是最高境界。为构建学习型社会,社会教育作为其中的重要组成部分亦需要寓教于乐,惟其如此,才能引导学习者达到"乐学"的境界,②才能更好地体现社会教育的多样性、广泛性、丰富性等特征③。

1. 创设拟真情境和游戏化学习环境,激发学习兴趣与动机

北京大学教育学院教育技术系尚俊杰提到,在游戏化的学习环境下,挑战与竞争是激发学习者学习兴趣与动机的关键要素。④社会教育中的对象是社会大众,与全日制学生有很大的区别,要在百忙之中抽出时间来学习,并且占据休闲娱乐时间,这引起一个很大的抵触,需要很大的动力,如何减小这个抵

---

① 林枋,成丽娟. 情境学习理论支撑下基于问题的网络学习[J]. 中国电化教育,2009 (11):20–22.

② 刘向宇. 从成人教育的角度看寓教于乐[J]. 继续教育研究,2011(10):21–23.

③ 侯怀银,张宏波. "社会教育"解读[J]. 教育学报,2007,3(4):3–8.

④ 尚俊杰,肖海明,贾楠. 国际教育游戏实证研究综述:2008 年–2012 年[J]. 电化教育研究,2014,35 (1):71–78.

触,需要考量学习与娱乐的结合。通过在 MOOCs 中设计游戏化学习,创设拟真情境,在游戏中进行挑战与竞争,优秀的学习者获得相应的奖励,并利用积分榜将成就分等级显示[①],这种方式结合了游戏与学习,使得工作繁忙的人们在闲暇时间可以"玩中学",把课程内容融入游戏中,不但可以激发学习兴趣与动机,而且可以引导学习者休闲、娱乐、学习三者并行。

2. 提高课程在线互动,及时交流与反馈信息

MOOCs 作为一类网络在线课程,互动模块缺乏,或者互动功能生硬,无法与传统面授课程相比。同为网络媒体,网络游戏之所以能够受到社会大众的喜爱,原因之一在于游戏具有很强并且丰富多样的互动功能,社会大众的一大特点就是对游戏中的任务与活动有着浓厚的兴趣,在游戏社区里,根据教学内容设置有趣的任务和群体活动,使学习者在工作闲暇时间有意无意地做做任务,偶尔参加群体活动,进行情感交流,更好地参与游戏,任务和活动结束后,获取一定的奖励,提高自身的成就感[②]。利用这个特点,课程设计者可以在 MOOCs 中设计游戏社区,将课程练习融入任务活动中,通过网络游戏中的个人角色扮演及组群活动实现互动[③],设计角色闯关游戏,让学习者在闯关获取奖励过程中,与游戏进行多次交互,促进学习者投入学习过程。[④]

109

(三)以形成性评价为主,多元化评价相结合提供学习支持服务

针对目前 MOOCs 评价反馈存在的不足,本研究将诊断性评价,形成性评价和总结性评价紧密联系在一起,增强 MOOCs 评价的效度和信度[⑤]。

1. 通过诊断性评价智能匹配教学方式

针对 MOOCs 平台对所有学习者都提供相同的学习资源,本研究在学习者学习初期阶段,对其知识水平、学习能力等进行综合性评价,诊断出场独立型、场依存型和默认型学习者,据此智能匹配对应的教学方式、学习路径,帮助

---

① 王颖. 基于游戏化学习理念的体验式网络课程设计[J]. 软件导刊,2013,12(8):162-164.
② 马云. 游戏化学习社区的功能及内容分析[J]. 中小学电教,下,2014 (1):15-16.
③ 樊鑫. 网络游戏:一种网络互动行为的社会学研究[D]. 安徽师范大学,硕士学位论文,2011.
④ 杜丽,林筑英,尹兵. 网络课程教学游戏开发中的 VR 技术应用[J]. 中国远程教育,2011,(7):76-80.
⑤ 胡小勇,林晓凡. 促进认知迁移的在线学习课程设计与实证研究[J]. 中国电化教育,2011,(7):78-83.

其更好地开展后期的学习活动。

2. 通过形成性评价进行持续跟进指导

李青(2014)提出适用于非正式学习环境下 MOOCs 的认证方式,即将电子徽章应用到 MOOCs 评估和认证中①。本研究在学习过程中设计基于情境的测试,通过游戏等形式评估学习者的阶段学习情况,并利用积分和电子徽章等形式鼓励学习者不断取得进步。

3. 通过终结性评价为学习者提供学习凭证

在目前 MOOCs 的评价体系中,主要以组织考试的形式作为终结性评价的评判标准,通过终结性评价并结合形成性评价判断是否为学习者颁发相应的学习证书。本研究将游戏、情境化问题等融入终结性评价中,改变单一的考核形式,并对考核通过者颁发证书,作为学习者学习该门课程合格的凭证。

(四)注重劣构化知识的学习,符合社会教育解决实际问题的需求

当今时代正在从工业时代迈入信息技术时代,知识的创造和产生呈现出信息化时代特有的"网络化形态",相比以结构化知识传授为主的教学模式,MOOCs 模式更注重劣构化知识的传授,强调对学生高阶思维能力的培养,更符合信息化知识时代学习的特征和要求,是教学模式的一种创新探索。本研究中,MOOCs 整合了 Web 2.0 社会性软件,不再以结构化知识为主,在面向社会教育 MOOCs 课程中,更多地设计开放性问题,不再生搬硬套传统问答模式,而是致力于引导社会学习者自身构思符合情境的礼仪与形象。通过设计个性化衣着,发挥了社会学习者的想象力,开阔高阶思维,使学习者在一个有意义的情境中解决问题。这种教学方式要求教师设计符合社会学习者的学习主题,通过引导学习者相互间的探索来形成学习内容,同时课程内容也会随课程进展而不断变化与动态调整。教师与学习者形成了知识创建和共享的"同盟",知识的存在形态由此变成了"网状化"。MOOCs 中要求学习者有广度与深度地参与形象设计,学习过程中实现师生交互、生生

---

① 李青,于文娟. 电子徽章:在线学习评估认证的新趋势[J]. 中国电化教育,2014(1):99–105.

交互、人机交互,这种教学的有意义结果支持深度学习的发生以及复杂性知识的生成。

(五)构建"学习共同体",促进基于网络互联的学习型组织的建立

信息化时代的学习要面对的另一大挑战就是如何处理大量的信息。面对当今分布式、碎片化的"海量信息",要在它们其中建立联系,使之发生关系、生成个人的知识,这个过程绝不是简单的个人学习所能够完成的。特别是教育日趋于大众化,任何人都无法独立于群体或组织之外开展线上学习活动。因此,网络环境下群体间的协作学习就显得越发重要。通过课程建立的学习型组织,在课程结束后,组织内的学习者依然围绕共同感兴趣的主题进行深度地互动,彼此间不断交换、汇聚信息,通过协作学习来共同创建知识,进而从"学习共同体"发展为"实践共同体"(Community of Practice)[①]。本研究融入游戏化探究学习模式(Game-based Inquiry Learning)[②],强调合作对学习的关键作用,学生在游戏中遇到具体问题与同伴之间共同探究解决方案,提高协作精神。在社会教育中,协作与集体主义往往是一个工作团体中必不可少的,设置团体形象设计比赛,通过团队内部交流讨论、互相建议、互相评价,各自补充不足与误区,设计出最满意的礼仪形象,充分利用了学习共同体的特点,保证学习环节能够维持下去,避免独自学习遇到阻碍而停滞。这不仅可以提高学习者之间的团结协作意识,使得学习者在工作中更好地与同事互相帮助,而且可以促进学习者在网络中扩大社交范围。

教育的目的并不是要给学习者灌输知识和技能,而是要帮助学习者形成解决问题的智慧。本研究构建了面向社会教育的 MOOCs 应用模式,并通过具体实例进行课程优化设计和策略的实践应用。事实上,面向社会教育的 MOOCs 不仅会吸引 Coursea、Edx、Udacity 这些巨头,也会使企业、社会团体甚至个人从事小众需求的社会教育 MOOC 建设和传播提供更好的利益回报。面向社会教育 MOOCs 的设计、开发、应用和推广蕴含着一个巨大的产业

---

① 韩锡斌,翟文峰,程建钢. cMOOC 与 xMOOC 的辨证分析及高等教育生态链整合[J]. 现代远程教育研究,2013,(6):3–10.
② 蒋宇,尚俊杰,庄绍勇. 游戏化探究学习模式的设计与应用研究[J]. 中国电化教育,2011, (5): 84–91.

和收益。本研究权当抛砖引玉，希望企业、学校、机构、社会团体、个人都参与到这条产业链中，关注社会大众的"长尾"需求，推进 MOOCs 课程品质和配套服务的不断提升完善，发挥"长尾"效益，为社会大众提供更多更好的享有优质教育资源的机会。

新媒体的社会教育功能及其传播模式

第七章

新媒体社会教育传播模式及其效果分析

——以科普教育果壳网为例

第一节 科普教育相关新媒体 社会教育传播功能分析

一、SNS 网站的社会教育功能分析

关于 SNS 的定义，较为普遍的观点认为 SNS 是英文 Social Network Services(社会性网络服务)，专指旨在帮助人们建立社会性网络的互联网应用服务。作为 Web2.0 社交网络的代表,SNS 实质是一个基于用户关系的信息分享、传播及获取平台。根据 SNS 网站的用户组织形式差异,相关的学者和专家将 SNS 分为三大类:熟人网络、生人网络[1] 和垂直网络[2]。不同于熟人网络和生人网络中的好友关系是对现实关系的一种映射,垂直 SNS 是根据某一主题构建的 SNS 网站,其旨在聚集一些有共同兴趣的用户。果壳网就属于典型的垂直 SNS,其中的用户无论在现实生活中是否相识,他们都是科技的爱好者。

通过对相关文献的整合与梳理,本文将 SNS 网站的传播特点及其社会教育传播功能归结如下:

115

(一)传播主体的真实化和去中心化,人人都可以是社会教育的传者和受者

由校内网(后改名人人网)首开先河,SNS 让互联网从虚拟关系向真实社会关系回归,尽管这个关系与真实生活中的人际关系还相去甚远,但实名制的趋势已经成了 SNS 概念的主要体现,SNS 有助于打造更加真实的网络社会。SNS 不但强调熟人或者建立信赖关系的个体间的交流, 在相互确认身份的前提下进行点对点或者点对面的双向沟通, 可以实现最大范围的关注和更广泛群体的交流。因此,SNS 为社会教育的传播搭建了一个良好的平台,在这里,用户可以根据自己的知识特长和学习兴趣,成为社会教育信息的传者和受者,在

---

① 百度博客. 两种 Web2. 0 模式比较: MySpace 与 facebook[DB/OL]. [2010-03-08] http://hi baidu.com /musk1984/blog/item/178fe42 a5c6e3825d42af1d2.Html.

② 詹鹏. 垂直 SNS 的发展趋势[DB/OL]. [2010-03-08] http: //www.goesok.cn /post / sns-chu-izh.html.

其中交流学习、互动探讨。

(二)传播内容的微内容化和私人化,社会教育信息传播渗透性强

相较于传统媒体中的信息专业制作流程,SNS网站的设计者已经为用户提供了非常简洁、容易操作的内容发布、制作平台,用户可以轻松地进行信息的制作和发布。因此,在SNS社交网站中每个人都是潜在的信息源头。此外,SNS社交网站以用户群作为主体,发布的内容与用户自身息息相关。所发布的内容以个人生活为主,实时与"好友"们分享自己的喜怒哀乐。这些都与现实生活中的人际传播的内容相似,只是展现的形式上有所不同,且更具个性化。基于此,一些针对特殊群体如上班族的健康科普知识能够以较强的渗透性传播。

(三)传播过程的类人际化,虚拟知识社区得以形成

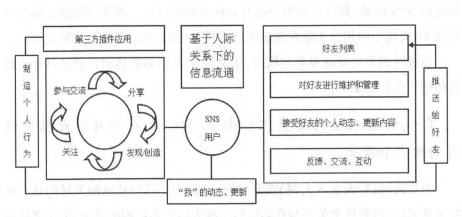

图7-1 SNS中用户行为和信息传播流程图

SNS社交网络中的用户间关系实质是现实社会关系的延伸。因为大多数SNS对实名制注册的倡导与推广,用户们趋向于在SNS社交网络中的言谈举止表现得与现实世界一致。但是由于更多的好友链接和更简便的信息传播方式,事实上几乎每个用户在SNS社交网站中的关系网络都会大于或者等于其在现实生活中的关系网络。社会教育信息的传播拓展了传统教育信息的传递形式,将类人际化传播的SNS作为信息传递交流平台,能够追随用户,满足他们对教育信息的需求。

SNS 网站传播过程（如图 7-1 所示①）的类人际化还体现在它涵盖了由个人导向到群体导向，从人际简单通讯到群体网络协作的多元化传播功能，能够满足多人在网络空间一起工作和娱乐的需求，甚至能为上百个身处不同地域的人聚集在一起召开会议、分享音乐等提供可能性。

（四）不同个体传播效果的差异悬殊化，对社会教育传者专业性要求高

SNS 兼具一对一、一对多的传播形态，可以向某一个好友进行单一的传播，也可以向整个熟人关系网络进行传播。传播者可以向追随者传播信息，而追随者可以选择转发或评论信息，或者改变跟随对象不接受信息，从而使一个"点"可与互联网上的无数个点相连接，最终形成"一对多""一对一""多对多"和"多对一"这几种传播的组合方式。在这种传播模式下，专业素质高、权威性强的社会教育传播者或者机构能够达到较好的传播效果。

二、微博的社会教育功能分析

117

微博的产生被认为是 Web3.0 时代到来的标志。②除了继承以 SNS 网站为代表的新媒体的一些共性之外，微博以其开放性铸就的极高的传播效率著称于世，它最大的传播特点就是裂变式传播。裂变式传播是微博开启的一种标志性传播模式，这种传播模式的传播速度是呈几何级的，其传播速度之快和传播广度之大令人咋舌，也使之前任何一种媒介产品望尘莫及。以微博为载体的信息的渗透力恰似水银泻地，可谓无孔不入。③

微博消息发布后，可以形成迅速传播，杜子建在《微力无边》里提到"传播，就是人的接力"④，微博的信息发布后，会经历一个相对较慢的传播过程，而当用户转发积累到某个点的时候，会出现一个非常快速的增长的过程。这是典型的"蒲公英式"传播，尤其是凭借大 V 们的号召力，可以完成非常广泛的传播，但它同

① 郭海霞. 新型社交网络信息传播特点和模型分析[J]. 现代情报, 2012, 32(1): 56-59.

② 百度百科微博[DB/OL]. http://baike.baidu.com/subview/1567099/11036874.htm?fr=aladdi.

③ 袁立库. 微博的传播模式与传播效果 [J]. 安徽师范大学学报: 人文社会科学版, 2011, 39(6): 678-683.

④ 杜子键. 微力无边[M]. 北京: 湛卢文化出版社,2011.

时又影响到其他微博参与、帮助此信息的传播，而这些微博在一般情况下都拥有一定数量的粉丝，本身就有很大的传播效率，能以最快的速度形成信息洪流，蔓延开来。微博用户的草根化降低了准入门槛，用户的传者兼受者的双重身份使得社会教育信息的传播成为现实，微博成为新媒体时代社会教育的又一重阵。

微博由于其媒体性的特性，在产品设计理念上是极力鼓励用户去转发和传播信息的。在微博里，你看到感兴趣的信息，只需点击"转发、确定"，瞬间将信息转发到微博里，它的快速转发使用户在信息对自己造成的影响的同时马上参与该信息的转发传播，既是围观者也是参与者，形成病毒式的链式传播。微博在信息发布上是没有任何限制的，这很适合某一领域知识的相关信息的长期跟进与传播。

三、微信的社会教育功能分析

2011年，腾讯正式推出基于QQ用户的微信。它不仅是一款可以通过网络快速发送语音短信、视频、图片和文字、支持群聊、"扫一扫""查找附近的人"功能的手机聊天软件，而且跨越了运营商、硬件和软件、社交网络等多种壁垒，实现了现实与虚拟世界的"无缝连接"，使移动终端成为新的社交节点。微信使智能手机的功能得到发挥，将人际传播和大众传播融为一体，成就了一种全新的传播类型。[①]

同为腾讯旗下的通讯软件，微信的发展壮大和QQ的人脉网络也密不可分，基于QQ的人脉网络，使得用户大部分的人脉关系都移植到了微信当中，所以微信用户的粘着度非常高。作为一种新兴的即时通信软件，虽然有电脑客户端，但主要依附于手机，却又不仅仅能替代手机的短信功能，同微博一样，它还打通了传统电信通信和移动互联网的界限，迎合了当前变碎为整、从单一到多元、化繁为简的交互平台新趋势。微信的传播特点及其社会教育传播功能有：

(一)信息碎片化走向信息整合化，社会教育传播内容趋于整合

在SNS交友圈、微博、论坛、团购、电子阅读等纷繁复杂的信息轰炸下，用户开始渴望信息的有机整合，有一个高效的整合机制来帮助自己管理众多关

---

① 单晓彤. 微信传播模式探析[J]. 新闻世界，2013 (2)：53–54.

系链。此时，微信横空出世，微信创始人张小龙十分注重用户体验，为了避免信息骚扰，微信在社交内核的基础上，在信息传播速度以及便捷性上做了大量限制，有效地整合了沟通的内容与方式，满足了用户深度和多层次的沟通需求，自然倍受公众追捧。一些科普公众号可以集中定时定量地向用户推送科普信息，每期内容或独立成章或连载推送，用户也可查看所有"历史记录"，传播的内容趋于整合、传播周期稳定。

(二)交流形式从单一走向多元，信息可接受性强

微信的交流形式融合了文字、照片、声音、视频，使短讯的形式在历经了"咬文嚼字"和"图文并茂"时代后，最终步入了"有声有色"时代，极大地丰富了用户的交流体验，满足广大用户的个性化需求。利用微信，社会教育传播将不同于传统枯燥的课堂，形色生动的交流形式大大增强了信息的可接受性。

(三)用户界面呈现由繁到简的趋势

微信的界面尊崇"少即是多"的设计理念，功能设计较为简洁清晰、规范统一，不再追求花哨繁复的外观设计，实用简洁成为最主要的设计要求。

果壳网已注册成为微信的企业用户，其通过微信平台发布网站的最新动态、热点消息和服务信息等，让果壳网用户和非用户的微信用户及时了解果壳网的最新动态。同时果壳网利用微信公共平台，将各种科普知识群发到微信粉丝和微信群里，微信好友能即时的收到最新消息，同时根据喜好和需要对信息进行不同的处理，并能够及时交流互动，如图7-2所示[1]。

同为新晋自媒体，微博和微信在企业推广品牌方面的作用各有利弊，如果企业需要进行品牌曝光以及营销活动的推广，微博的传播是病毒式几何级传播，速度极快，从这个角度上说，微博非常适合打造企业品牌和推广。而微信传播信息的范围相对有限，但是用户之间必须是好友关系，熟人关系，这种关系的维护和纽带在线上和线下都是相当紧密的，彼此之间是有现实情感维系的；同时微信的信息是主动关注，主动获取，用户关心的都是自己想要的信息，从而使信息的传播更加精准化；在大数据分析、精准营销、效果营销、许可营销的

---

① 高莹. 微信的传播模式分析[D]. 郑州大学,硕士学位论文,2014.

时代环境中，微信可以让企业与客户进行高效沟通，加深顾客对品牌的忠诚度，继而为企业带来再次消费与口碑效应，这种传播速度虽然慢但影响却极深，信任度高。因此相比而言，微信更适合做销售的转化以及客户关系的管理，包括客服、交易、重复消费、售后维护等。

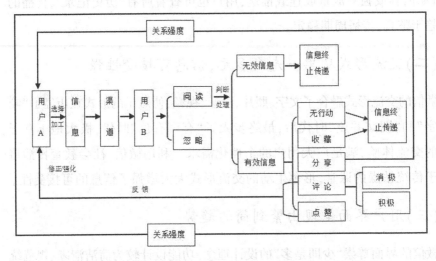

图 7-2　微信中相对于一个节点的微信朋友圈传播模式

　　鉴于微博的公开性与微信的封闭性的互补关系，我们不必执着于孰优孰劣，而应充分利用它们各自的长处。果壳网就是充分利用了微博和微信平台的差异性和特点为自己服务，达到了事半功倍的效果。

第二节　科普教育新媒体社会教育传播的现状分析——以果壳网为例

一、问卷与访谈的设计和实施

(一)基本情况

　　全媒体时代的到来，新的媒体形式不断涌现和变化，各种新媒体在内容、渠道、功能层面出现了融合的趋势，2010 年 11 月 14 日，科普类 SNS 果壳网正式上线,同日果壳网的新浪同名微博"果壳网"发布第一条微博,它秉持"科技有意思"的理念,致力于提供"负责任、有智趣的泛科技主题内容",对身边的生活进行有意思的科技解读,唤起大众对科技的兴趣,让科技成为公众生活的一部分。由于果壳网是国内首家泛科技垂直网站,是一个开放、多元的泛科技社区,备受都市科技青年青睐,获得了良好的传播效果,之后果壳网的搜狐博客(2011.2)、贴吧(2011.11)、官方微信(2012.8)陆续开通,传播攻略几乎覆盖了当下最热门的新媒体,是较为典型的新媒体社会教育应用的成功案例,为将新媒体应用于社会教育提供了一个可借鉴的模式。

本研究采用问卷调查法,对果壳网用户体验及传播模式进行调研。在果壳网用户群中共收集问卷 400 份,其中有效问卷 385 份,有效率 96.25%。本研究调查问卷见附录一。

1. 样本性别分布

在调查的所有样本中,男性为 216 人,女性为 169 人,性别比例较为均衡。样本性别分布如表 7-1 所示。

表 7-1　样本性别分布表

女, 43.90%　男, 56.10%

2. 样本年龄分布

表 7-2　样本年龄分布表

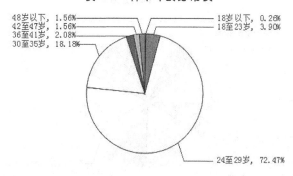

48岁以下, 1.56%　18岁以下, 0.26%
42至47岁, 1.56%　18至23岁, 3.90%
36至41岁, 2.08%
30至35岁, 18.18%
24至29岁, 72.47%

本次调查的样本年龄集中分布在 18～35 岁之间，其中 24～29 岁之间的所占占比例为 72.47%，30～35 岁之间得所占比例为 18.18%。样本以青年为主体，具体年龄分布如表 7-2 所示。

3. 样本学历分布

　　本次调查的样本学历集中分布在本科和硕士研究生之间，其中有 28.57% 的学历为本科，59.48% 的为硕士研究生，样本以高学历人群为主。具体学历分布如表 7-3 所示。

表 7-3　样本学历分布表

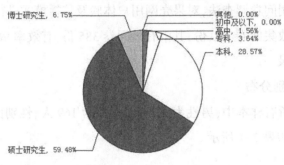

4. 职业

　　本次调查的样本中，教育工作者、医务工作人员、金融从业人员和公务员人数较多，分别占样本总人数的 12.99%、14.81%、17.92% 和 11.43%。学生、工程 师、技师、IT 从业人员、企业管理人员、媒体从业人员、科技工作者和从事其他职业的人数较少，分为占样本总人数的 5.79%、8.83%、9.35%、8.57%、8.57%、2.86%、3.9%。总体来说，样本职业分布比较均衡，并无特别显著的差异。具体职业分布如表 7-4 所示。

表 7-4　样本职业分布表

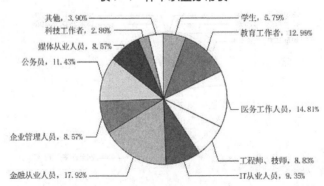

5. 地区

本次调查的样本中,常住地在北京、上海、广州等国内一线城市的人数占样本总人数的74.81%,其他省会城市、非省会的大城市和中小城市的人数分别为占样本总人数的17.14%,4.68%,3.38%。由此可知,果壳网用户以都市居民为主体。具体地区分布如表7–5所示。

表7–5　样本地区分布表

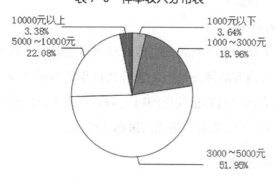

6. 收入

本次调查的样本中,收入在3000~5000元的人数最多,占样本总人数的51.95%。收入在1000~3000元和5000~10000元的人数,分别占总人数的18.96%和22.08%。收入在1000元以下和10000元以上的很少,分别占总人数的3.64%和3.38%,呈正态分布。具体收入分布如表7 6所示。

表7–6　样本收入分布表

7. 基本情况小结

本次调查结果显示,果壳网用户以具有较高学历的中等收入的都市青年群体为主,行业分布较广。

(二)问卷设计

本研究的问卷主要围绕受众分析（即果壳网用户的媒介素养以及使用果壳网的现状），果壳网内容分析(即用户对果壳网内容的评价和应用)以及反馈分析(即传受双方互动的渠道和频率)三部分内容进行设计的。

1. 受众分析部分

本问卷设计了以下十个问题：(1)您经常使用的社交媒体有哪些？(2)您是否是果壳网的注册用户？(3)您使用果壳网的时间为？(4)您主要通过什么渠道获取果壳网的内容？(5)您是否关注过果壳网相关的微博账号(如谣言粉碎机、科学松鼠会、姬十三等)？(6)您通常使用何种终端浏览果壳网或在果壳网上发布信息？(7)您是否下载了"果壳网"Iphone,android的应用？(8)您是否购买或阅读过果壳网或科学松鼠会出版的书籍？(9)您是否参加过果壳网组织的线下活动？通过上述问题分别调查果壳网用户的媒介使用习惯，使用果壳网的时间、频率、途径以及对果壳网的忠实度。

2. 内容分析部分

本问卷欲借果壳网用户的视角对果壳网内容进行评估，设计了以下个问题：(1)您为什么会关注果壳网的内容？(2)您经常关注果壳网的那部分内容？(3)您如何评价果壳网内容的可信度？(4)您会把从果壳网学到的科普知识及生活常识运用到实际生活当中吗？(5)您认为阅读果壳网的科技资讯对您的日常生活产生了多大帮助？

3. 反馈分析部分

本问卷设计了以下四个问题调查传受双方互动的渠道和频率：(1)您访问或阅读果壳网发布内容的频率是？(2)您在阅读果壳网的文章时发表评论的频率？(3)您会在果壳网的问答板块提问吗？(4)您在果壳网的问答板块的提问得到了满意的回答吗？(5)您希望果壳网做哪些改进？

(三)问卷的实施

本次问卷调查采用互联网调查,将问卷上传至问卷星,将调查对象默认为果壳网用户,将问卷地址链接发送至果壳网的网站和贴吧,邀请访问网站和贴吧的网友来填写。

二、科普教育类 SNS 网站受众行为分析

(一)受众分析

除却调查对象的性别、年龄、学历、职业、地区、收入等人口学特征之外，本次调查还对果壳网用户的媒介使用习惯，使用果壳网的时间、频率，途径以及对果壳网的忠实度进行了分析：

1. 本次调查样本中的果壳网用户经常使用的社交媒介统计

调查结果显示，果壳网用户中使用微博和微信的占绝对优势，分别占样本总人数的 83.9%和 99.22%，使用博客、论坛和其他社交软件的人数相对较少，分别占 14.03%，3.38%和 1.56%。可见当前的社交媒体中新兴的微信和微博的市场份额是相当大的，挤压了博客、论坛和 SNS(开心网、人人网等)这些相对较"旧"的新媒体。新媒体的使用者很多都走在时尚前沿的都市中青年群体，他们热衷于新事物，追逐良好的用户体验。具体情况如表 7-7 所示。

表7-7　样本经常使用的社交媒介统计表

选项	小计	比例
A. 微博	323	83.9%
B. 微信	382	99.22%
C. 博客	54	14.03%
D. 论坛	13	3.38%
E. 其他	6	1.56%
本题有效填写人次	385	

2. 本次调查样本中果壳网注册用户与非注册用户比例

本次调查样本中，果壳网注册用户的人数占样本总数的 98.96%，非果壳网注册用户只占样本总数的 1.04%，可见在访问过果壳网的网友中，绝大部分对果壳网的态度的认可的，并注册为用户以保持长期的关注和获得自由发表评论的权限，只有极少数人仅仅以游客的身份浏览果壳网，对其内容表示不感兴趣，以后不会再次访问。具体情况如表 7-8 所示。

表 7-8　样本中果壳网注册用户与非注册用户比例表

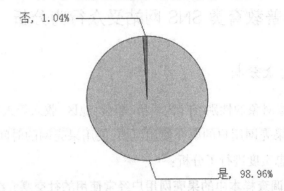

否，1.04%

是，98.96%

3. 本次调查样本中用户使用果壳网的时间

本次调查样本中，使用果壳网两年以上的仅占样本总人数的 3.12%，但使用一年到两年的占样本总人数的 53.77%，也就是说果壳网 2010 年上线以来的一年至两年间的用户人数较少，影响力也没有扩散开来，但随着微博、搜狐博客、贴吧、特别是官方微信陆续开通，果壳网实施了全方位立体化的传播攻略之后，用户人数才出现了激增，具体情况如表 7-9 所示。

表 7-9　样本用户使用果壳网的时间分布表

两年以上
3.12%

半年以内
11.17%

半年到一年
31.95%

一年到两年
53.77%

4. 本次调查样本中果壳网用户获取果壳网内容的主要渠道

本次调查样本中，通过关注微博和微信获取果壳网内容的用户人数分别占样本总人数的 84.68% 和 92.47%，而通过浏览网站获取果壳网内容的用户仅占样本总人数的 22.08%，另有 2.34% 通过同学介绍或网站转载等其他途径获取果壳网内容。可见由于都市生活节奏的加快，上班族们很少有闲暇时间浏览网站，他们更倾向于接受微博和微信的消息推送。具体情况如表 7-10 所示。

表7–10　样本用户获取果壳网内容的主要渠道分布表

选项▽	小计▽	比例
A. 浏览网站	85	22.08%
B. 关注微博	326	84.68%
C. 接收微信	356	92.47%
D. 其他	9	2.34%
本题有效填写人次	385	

5. 本次调查样本中果壳网用户是否关注过果壳网相关的微博账号（如谣言粉碎机、科学松鼠会、姬十三等）

本次调查样本中，表示关注过果壳网相关的微博账号的占样本总人数的93.32%，可见绝大部分的果壳网用户对果壳网的相关信息有较为浓厚的兴趣。具体情况如表7–11所示。

表7–11　样本用户关注过果壳网相关的微博账号与否对比表

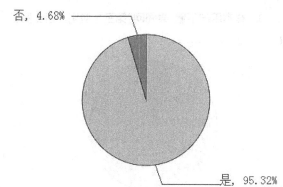

6. 本次调查样本中果壳网用户用于浏览果壳网或在果壳网上发布信息的终端

本次调查样本中，表示通常用手机访问果壳网的占样本总人数的95.84%，表示通常用电脑访问果壳网的占样本总人数的91.69%，还有14.03%表示通常使用 ipad 访问果壳网，另有1.82%表示通常使用 ipod-touch 等其他终端设备访问果壳网。可见大部分的果壳网用户更喜欢用移动终端访问果壳网。具体情况如表7–12所示。

表 7-12　样本用户使用终端分布表

选项	小计	比例	
A.手机	369		95.84%
B.电脑	353		91.69%
C.ipad	54		14.03%
D.其他 [详细]	7		1.82%
本题有效填写人次	385		

7. 本次调查样本中果壳网用户下载与未下载 "果壳网"Iphone,android 的应用的比例

　　本次调查样本中,下载了"果壳网"Iphone,android 的应用的用户人数占样本总数的 94.81%,未下载"果壳网"Iphone,android 的应用的用户人数仅占样本总数的 5.19%, 可见绝大部分的果壳网用户选择使用移动终端访问果壳网并发表评论。具体情况如表 7-13 所示。

表 7-13　样本用户下载"果壳网"第三方应用与否比例表

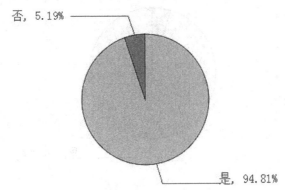

否，5.19%

是，94.81%

8. 本次调查样本中果壳网用户购买或阅读过果壳网或科学松鼠会出版的书籍

　　如《当色彩的声音唱起来是甜的》《吃的真相》《一百种尾巴或一千张叶子》《冷浪漫》《地铁》《火星照耀美国》《我知道你不知道的自己在想什么》《谣言粉碎机》《宝贝别怕》《爱与性的实验报告》《未来在现实的第几层》《大眼看侏罗》《把恐龙做成大餐》《四季的角度》等。

本次调查样本中，购买或阅读过 4-5 本果壳网或科学松鼠会出版的书籍的用户人数占样本总数的 68.57%，购买或阅读过 1～3 本的用户人数占样本总数的 19.22%，购买或阅读过 0 本和 6 本以上的用户人数分别占样本总数的 6.23% 和 5.97%。可见绝大部分的果壳网用户会关注并消费果壳网的衍生产品。具体情况如表 7-14 所示。

表 7-14　样本用户消费果壳网出版书籍数目分布表

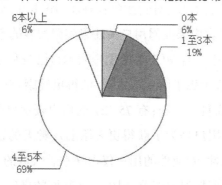

9. 本次调查样本中果壳网用户参加果壳网组织的线下活动的情况

本次调查样本中，表示经常参加果壳网组织的线下活动的用户人数占样本总数的 72.47%，参加过一两次的用户人数占样本总数的 15.06%，可见绝大部分的果壳网用户对果壳网组织的实践活动具有强烈的参与热情，并有将之付诸行动的精力和财力。具体情况如表 7-15 所示。

表 7-15　样本用户参加果壳网线下活动情况表

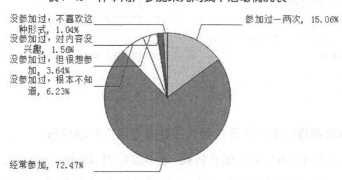

10. 受众分析小结

本次调查结果显示，果壳网用户偏爱使用微博和微信等社交媒体，大部分用户使用时间在一年到两年之间,且访问频率较高,他们大多会同时使用电脑等固定终端和手机、ipad 和 ipod-touch 等移动终端接受和发布信息且更倾向于使用移动终端,大部分用户对果壳网有较高的忠实度。

(二)内容分析

在果壳网的内容分析方面,本研究借果壳网用户的视角评估果壳网的教育意义、对科学的严谨程度、对受教育者科技知识和生活常识的普及意义。

1. 本次调查样本中果壳网用户关注果壳网内容的原因

本次调查样本中,有90.39%的用户表示自己是科学(科普)爱好者;有83.9%的用户人数表示想了解生活常识,活得更健康;有82.86%的用户表示想了解科普知识,提高科学素养;有75.32%的用户表示果壳网的内容有趣、吸引人;还有66.75%的用户是为了获得更多跟朋友聊天的谈资;而认为果壳网在科普方面具有权威性、专业性的用户仅占样本总人数的7.27%,说明广大受众虽然对科普知识有着强烈的需求,但由于互联网的虚假信息泛滥,使得广大网民对一切信息都抱着将信将疑的态度,信但不全信,有鉴于此,果壳网应该拿出更强的说服力来证明它的权威性和专业性。具体情况如表7-16所示。

表7-16 样本用户关注果壳网内容的原因分析表

选项	小计	比例
A.其在科普方面具有权威性、专业性;	28	7.27%
B.我是科学(科普)爱好者;	348	90.39%
C.我想了解科普知识,提高科学素养;	319	82.86%
D.我想了解生活常识,活得更健康;	323	83.9%
E.身边的朋友大多关注了果壳网,为了跟朋友聊天有更多的谈资;	257	66.75%
F.果壳网的内容有趣、吸引人;	290	75.32%
G.我很少关注果壳网。	2	0.52%
本题有效填写人次	385	

2. 本次调查样本中的用户经常关注果壳网内容的分布

本次调查样本中,关注创意科技、心事鉴定组、健康朝九晚五、死理性派、和性情等主题站的用户人数较多,分别占样本总人数的88.05%、77.66%、75.84%、62.86%、51.95%;而关注流言粉碎机、其他主题站、小组、DIY 和线下活动的用户人数较少,分别占样本总人数的23.64%、18.44%、8.05%、3.38%和

2.34%。可见比较受欢迎的都是一些主题鲜明的主题站,果壳网应保持以不同主题对受众细分的策略,吸引更多具有不同兴趣和需求的受众。具体情况如表7-17 所示。

表 7-17　样本用户经常关注果壳网板块的分布表

选项	小计	比例	
A. 流言粉碎机(主题站)	91		23.64%
B. 心事鉴定组(主题站)	299		77.66%
C. 死理性派(主题站)	242		62.86%
D. 创意科技(主题站)	339		88.05%
E. DIY(主题站)	13		3.38%
F. 健康朝九晚五(主题站)	292		75.84%
G. 性情(主题站)	200		51.95%
H. 其他主题站	71		18.44%
I. 线下活动:	9		2.34%
K. 小组	31		8.05%
本题有效填写人次	385		

3. 本次调查样本中用户对果壳网内容可信度的评价

本次调查样本中,认为果壳网的内容大部分可信的用户占样本总人数的90.91%,认为其内容有一半可信、完全可信和小部分相信的,分别占样本总人数的 7.53%、1.04%、0.52%。通过这组数据我们可喜地发现当前绝大部分果壳网的用户较为认可果壳网的严谨程度,但它们对待科学保持有一种怀疑态度,会通过自己的理性思考来筛选信息。具体情况如表 7-18 所示。

表 7-18　样本用户对果壳网内容可信度的评价分布表

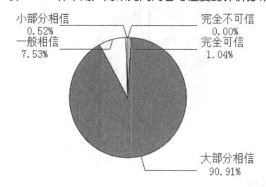

小部分相信 0.52%
一般相信 7.53%
完全不可信 0.00%
完全可信 1.04%
大部分相信 90.91%

4. 本次调查样本中用户对果壳网的科普知识及生活常识的实际运用情况

本次调查样本中,有 99.74%的用户表示会将从果壳网学到的科普知识和生活常识用于实际生活当中,持否定态度的仅占样本总人数的 0.26%。具体情况如表 7-19 所示。

表 7-19 样本用户对果壳网的科技资讯的实际运用情况分析表

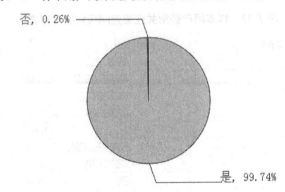

否, 0.26%

是, 99.74%

5. 本次调查样本中用户认为阅读果壳网的科技资讯对其日常生活产生帮助的程度

本次调查样本中,有 89.61% 的用户表示阅读果壳网的科技咨询对其日常生活产生了较大帮助, 有 7.27% 表示阅读果壳网的科技咨询对其日常生活产生了一般大的帮助, 还有 2.86% 表示阅读果壳网的科技咨询对其日常生活产生了很大帮助。结合问题 4 和问题 5,可知果壳网对受教育者科技知识和生活常识具有较大的普及意义,但仍有提升的空间。具体情况如表 7-20 所示。

表 7-20 样本用户对果壳网的科技资讯的实用价值评价表

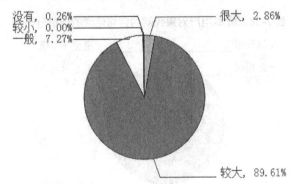

没有, 0.26%
较小, 0.00%
一般, 7.27%
很大, 2.86%
较大, 89.61%

6. 内容分析小结

本次调查结果显示,以果壳网用户的评价而言,果壳网具有较强的教育意义、对待科学的态度较为严谨,并且对受教育者科技知识和生活常识具有较大的普及意义。

(三)反馈分析

在反馈分析方面，本研究重点探析果壳网中科技资讯的传受双方的互动频率、受众对果壳网的建议。

1. 本次调查样本中果壳网用户访问果壳网的频率

本次调查样本中，表示经常访问果壳网的占样本总人数的83.12%，可知绝大部分的果壳网用户对果壳网保持着较为密切的关注。具体情况如表7-21所示。

表7-21 样本用户访问果壳网频率分布表

频繁，0.52%　　　　　　　从不，0.26%
　　　　　　　　　　　　偶尔，3.90%
　　　　　　　　　　　　一般，12.21%

经常，83.12%

2. 本次调查样本中果壳网用户在阅读果壳网的文章时发表评论的频率

本次调查样本中，表示在阅读果壳网的文章是经常发表评论的占样本总人数的83.9%，可知绝大部分的果壳网用户与果壳网及其他用户保持着较高频率的互动。具体情况如表7-22所示。

表7-22 样本用户发表评论频率分布表

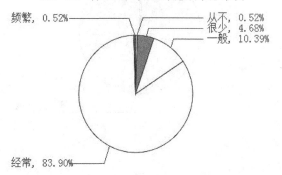

频繁，0.52%　　　　　　　从不，0.52%
　　　　　　　　　　　　很少，4.68%
　　　　　　　　　　　　一般，10.39%

经常，83.90%

3. 本次调查样本中果壳网用户在问答板块中提问的频率

本次调查样本中，表示经常在问答板块中提问的占样本总人数的83.38%，可知绝大部分的果壳网用户已不满足于被动地接收果壳网的科技资讯，而是将之作为解决困惑的工具。具体情况如表7-23所示。

表7-23 样本用户在问答板块中提问的频率分布表

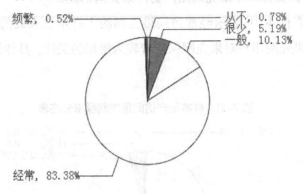

4. 本次调查样本中果壳网用户在果壳网的问答板块的提问是否得到满意的回答

本次调查样本中，有98.7%的用户表示在果壳网的问答板块的提问得到了满意的回答；仅有1.3%表示未得到满意的回答。可见果壳网为用户答疑解惑的效果不错。具体情况如表7-24所示。

表7-24 样本用户在问答板块的提问得到满意回答与否分析表

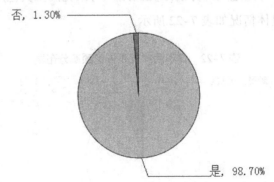

5. 本次调查样本中果壳网用户希望果壳网做出的改进

本次调查样本中，有48.83%的用户表示希望果壳网缩减大段的文字，增加图片和视频的比重；有32.73%表示希望果壳网提供更完善的交流平台；有30.39%表示希望果壳网提供更多、更实用的科普资源；有14.03%表示希望果壳网提供更简约、美观的界面。具体情况如表7-25所示。

表7-25　样本用户对果壳网改进意见分析表

选项	小计	比例	
A. 更简约、美观的界面	54		14.03%
B. 缩减大段的文字，增加图片和视频的比重	188		48.83%
C. 提供更多、更实用的科普资源	117		30.39%
D. 更完善的交流平台	126		32.73%
E. 其他 [详细]	3		0.78%
本题有效填写人次	385		

6. 反馈分析小结

本次调查结果显示，绝大部分的果壳网用户与果壳网及其他用户保持着较高频率的互动，受众迫切希望果壳网能够缩减大段的文字，增加图片和视频的比重；提供更完善的交流平台和更多、更实用的科普资源，也期望果壳网的界面更简约、美观。

三、对科普教育类 SNS 网站用户的深度访谈

(一)基本情况

为了配合问卷调查，本研究还采用访谈法对果壳网中比较活跃的资深用户进行访谈，并对问卷调查中出现的问题进行解释，使得研究资料更齐全、客观，研究结论更有说服力。研究者根据研究目的和问卷调查研究结果，对10位活跃在果壳网的各个板块中，在果壳网科技传播中作为教育者和受教育者结合体、频繁进行信息的二级传播的资深用户，即意见领袖进行访谈，深入了解他们在果壳网科技传播中的双重身份带来的特殊感受和体悟，收集相关信息，对数据进行定性分析。

(二)访谈问题设计

用户在参与果壳网的科技传播的过程中，研究者需要了解他们是如何从一位普通用户成长为一位资深用户，这批意见领袖的存在对其他用户有着怎样的影响，他们的互动状态是怎样的，他们对科学的态度如何，针对此目的，研究者设计了果壳网资深用户访谈大纲：

1.您接触到果壳网是缘于什么契机？

2.您使用果壳网多久了？使用频率如何？从什么时候开始参与讨论并发表自己的观点？您发布信息的频率如何？

3.您加入了哪些小组？经常访问哪些板块？

4.您出于什么动机使用果壳网并发布一些信息？

5.您经常发布哪些内容的信息？以何种形式？用哪些终端？

6.您所回答的问题或发布的信息来源于哪些渠道？自身的知识储备？其他科技网站？

7.您认为您所回答的问题或发布的信息的客观性如何？有科学依据吗？

8.您认为您所发布的信息将对别的用户产生怎样的影响？他们会信服吗？还是不以为然？

9.对于您所发布的信息引起的反馈，您是如何回应的？

10.对于同一个问题的相悖结论，您的潜意识里更加信服从小耳濡目染的传统观念还是科研机构的实证研究？

(三)访谈的实施

研究者通过长期观察在果壳网用户中锁定了 10 位较为活跃的，经常与其他用户进行互动，为他们答疑解惑，并且具有一定威信的资深用户，以 QQ、微信的方式对其进行了访谈，并对要点做了详细记录。

(四)访谈设计及结果分析

1. 访谈问题及回答

问题 1. 您接触到果壳网是缘于什么契机？

编号	资深用户回答
P1	经同学介绍
P2	朋友介绍
P3	微信的推广
P4	微博推广
P5	听到朋友们聊起果壳网的相关资讯，觉得挺有意思，就开始关注了
P6	在其他网站上的链接
P7	同学和朋友的介绍
P8	微博的推广
P9	在网页上看到一句话"文科青年上豆瓣，理科青年到果壳"，于是就来看看
P10	朋友推荐

问题 2. 您使用果壳网多久了？ 使用频率如何？ 从什么时候开始

参与讨论并发表自己的观点？ 您发布信息的频率如何？

编号	资深用户回答
P1	一年时间；大概每周两到三次；第一次发现感兴趣的文章就开始发表观点，渐渐积累了一些人气；频率较高
P2	两年，平均两天一次；第一次使用就开始参与评论；经常发布信息
P3	快一年了；平均两三天浏览一次；在使用一个月后；经常发布信息
P4	一年；一天浏览一次；第一个月后；经常
P5	两年多了；每天都会浏览信息；使用两个月后；已经养成习惯了，每天都要跟壳友们交流交流
P6	两年；两三天浏览一次；使用半年后；较多
P7	一年；两天一次；初次使用时；较频繁
P8	一年多时间；经常使用；初次使用便开始参与讨论；参与评论居多，发布信息较少
P9	一年时间；经常使用；使用一周后开始；经常参与评论，偶尔发布帖子
P10	半年；经常使用；初次使用便开始参与讨论；偶尔发布信息

问题 3. 您加入了哪些小组？经常访问哪些板块？

编号	资深用户回答
P1	科学常识类的主题小组;科技类版块
P2	以生活为主题的小组;经常访问人文类板块
P3	我加入了人文与娱乐为主题的小组;经常访问科技板块
P4	谣言粉碎机、军事科技等小组;科学技术、人文社科和活娱乐板块
P5	DIY、谣言粉碎机;科学技术和人文社科板块
P6	性情和情感夜夜话等小组;生活娱乐版块
P7	军事科技和男人装等小组;科技和娱乐板块
P8	谣言粉碎机、DIY 和科学健身等小组;科学技术和自然生态板块
P9	美丽也是技术活、Geek 笑点低和吃货研究所等小组；经常访问娱乐生活版块
P10	Geek 笑点低、情感夜夜话、希腊罗马神话等小组;经常访问娱乐和人文版块

问题 4. 您出于什么动机使用果壳网并发布一些信息？

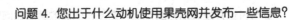

编号	资深用户回答
P1	科技是我的兴趣所在,我非常乐意与他人讨论交流科技话题,果壳网为我提供了良好的平台
P2	学习更多科普知识和生活常识,并与更多的人分享
P3	与有共同兴趣的朋友一起共享资讯
P4	与其他用户一起分享科技资讯
P5	与别人分享自己的 DIY 作品,听到他们的赞扬,挺有成就感的
P6	与他人分享自己的观点,满足自由表达的欲望
P7	发表个人观点和分享资讯
P8	分享资讯
P9	与壳友们分享娱乐资讯
P10	为了获取更多的知识并与壳友们分享

问题 5. 您经常发布哪些内容的信息？以何种形式？用哪些终端？

编号	资深用户回答
P1	一般是针对某个议题发表自己的观点；以文字形式为主，图片为辅；手机或者电脑
P2	主要是参与评论；以文字为主；电脑
P3	经常发布一些娱乐生活方面的信息；以文字加图片的形式居多；手机和电脑
P4	生活常识、娱乐资讯等信息；以文字、图片和视频的形式发布；电脑
P5	发布一些DIY作品的制作过程；文字、图片和视频；电脑
P6	通常只是发表一些评论；一般以文字的形式；手机和电脑
P7	经常发表评论和自己的个人观点；一般以文字形式；手机和电脑
P8	经常参与评论，偶尔发布一些健身资讯；以文字形式为主；移动设备
P9	发布一些化妆教程和娱乐资讯；图文形式；电脑和移动设备
P10	发布一些幽默短文和图片；文字和图片的形式；使用移动设备较多

问题 6. 您所回答的问题或发布的信息来源于哪些渠道？

自身的知识储备？其他科技网站？

编号	资深用户回答
P1	有自身储备的知识也有在其他网站上获取的
P2	来源于一些权威杂志和自身的学识
P3	主要来源于日常生活中所碰到的问题，也有在其他科技网站上了解到的信息
P4	通常都是来源于日常生活中的所闻所见，也有在其他网站上了解到的资讯
P5	部分来源于自己的实践，部分摘自其他网站
P6	来源于自己的学识和其他网站
P7	来源于自身认知和其他网站的信息
P8	一般摘自其他网站，偶尔依赖自身的知识储备
P9	来源于自己的实践和其他网站的信息
P10	大部分摘自其他网站的信息

问题 7. 您认为您所回答的问题或发布的信息的客观性如何？有科学依据吗

编号	资深用户回答
P1	肯定不会信口开河，一般都是比较客观的;有科学依据
P2	比较客观;有一定的科学根据
P3	客观性还是有的,至于有没有科学依据就不太清楚了
P4	有一定的客观性和科学依据
P5	比较有客观性,是否有科学依据就不清楚了
P6	只是表达下自己的看法主观性比较多,不清楚是否有科学依据
P7	有一定的客观性和科学依据
P8	客观性较强,有科学依据,不然不会说出来误导别人
P9	自认为有客观性和科学依据
P10	有客观性和科学依据

问题 8. 您认为您所发布的信息将对别的用户产生怎样的影响？

他们会信服吗？还是不以为然？

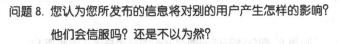

编号	资深用户回答
P1	通常我都说得有理有据,大部分壳友们会认同,很少有人质疑
P2	我所发布的信息可以吸引一些有共同志趣的用户关注;不管信服与否,大家都可以共同讨论
P3	有用的信息会增加一些用户的认知；部分用户会信服也有部分会持质疑的态度
P4	我发布的一些实用信息在一定程度上可以帮助到其他用户，多数用户都会赞同
P5	我发布的 DIY 可以让其他用户模仿制作;很多用户非常感兴趣
P6	自己发表的观点可以让其他用户作为参考;有的认同,有的质疑
P7	可以帮助纠正其他用户的错误认知;信服和质疑的用户都有
P8	我发布的信息能增加部分用户的认知;信服的居多,很少有人质疑
P9	一定程度上让其他用户得到帮助;通常比较信服
P10	可以为其他用户带来快乐;一般都会认同

问题 9. 对于您所发布的信息引起的反馈,您是如何回应的?

编号	资深用户回答
P1	我会针对用户提供的反馈逐一解释
P2	积极回应,有问题共同探讨
P3	如果有错误的信息我会积极予以更正
P4	积极回应,直到达成共识
P5	比较积极回应
P6	会回应,但是大家可以保留自己的观点
P7	有兴致的时候积极回应,有时会置之不理
P8	积极回应并给予帮助解答
P9	积极回应并给予进一步解答
P10	基本都会回应

问题 10. 对于同一个问题的相悖结论,您的潜意识里更加信服

从小耳濡目染的传统观念还是科研机构的实证研究?

编号	资深用户回答
P1	我更加信服科研机构的实证研究,因为实践是检验真理的唯一标准
P2	比较信服科研机构的实证研究;因为比较权威
P3	我在情感上更愿意相信传统观念,理性上比较信服实证研究;但是也不尽然,虽然实证研究更有说服力,但是某些传统观念既然能够代代相传,说明也是经过实践检验的,必然有一定的道理,不然不会流传这么久
P4	比较信服科研机构的实证研究,因为更科学
P5	信服科研机构的实证研究,比较科学
P6	有时候信服传统观念,有时候信服实证研究,一般信服实证研究居多;因为实践更有科学性
P7	比较信服实证研究;有权威性和科学性
P8	坚定信服实证研究;更有权威性
P9	比较信服实证研究;因为比较科学
P10	比较信服实证研究;虽然某些传统观念有一定的道理,但是实证研究更有说服力

2. 访谈结果小结

对果壳网资深用户的访谈结果,可以总结为以下几点:

(1)果壳网资深用户接触到果壳网的契机不外乎三种:朋友推荐,微博、微信推广,浏览网页时偶然发现。

(2)果壳网资深用户们使用果壳网的时间可能不是太长,但使用频率都很高,通常有着强烈的参与和表达欲望以及共享信息的精神。他们通常只关注自己感兴趣的板块,并且由于在此板块发布信息的频率较高,有着对科学的执着态度,逐渐受到其他壳友的追捧,积累起一定的威信,而他们也乐于享受壳友们的膜拜。

(3)果壳网资深用户们频繁发布信息的动机有学习科学知识和与他人共享科技资讯的强烈欲望、也有受到追捧和膜拜时产生的满足感与成就感。

(4)果壳网资深用户们经常对果壳网的科技资讯发表评论,但很少发布原创的文章。发布的内容形式多样,通常图文并茂,且固定终端和移动终端并举。

(5)果壳网资深用户们所回答的问题或发布的信息通常来源于自身的知识储备和实践,或者转载其他科技网站的资讯。在对待科学的态度上,大部分果壳网的资深用户是较为严谨的,也有个别比较随意。

(6)果壳网资深用户们通常在自己熟知的领域有一定的权威,对访问此板块的其他壳友们施加很大的影响,是引发讨论、活跃气氛、加强互动的生力军,这也是他们之所以成为意见领袖的原因。

四、科普类社会教育传播模式的构建

(一)果壳网传播构成各要素及相互作用关系分析

1.传者(教育者)

(1)果壳传媒主创人员分析

果壳网在2010年由姬十三创立,与其之前创办的非营利组织科学松鼠会在运营上完全独立。果壳网现有三大板块:主题站、小组和问答,由专业科技团队负责编辑,网站主编为拇姬。果壳传媒另有"果壳阅读"这一阅读品牌,负责科普类图书的编辑。[①]

---

① 百度百科果壳网 [DB/OL]. http://baike.baidu.com/link?url=D86SunR2eOSICbYSEPeWgjzaJqOcEyE–EOvt_y74k55OP5UxOpF5ooU2NgedwJein7mHVQKpJyU62lPX–j585a.

果壳网主创人员几乎都是资深的科技文章写手，他们一方面自己原创优质的科技文章,一方面通过科技人才招聘壮大自己的团队,将原创的优质科技内容上传至果壳网 SNS 平台及其官方微信和新浪微博,并且设有研发部专门负责果壳网第三方运用的研发和维护,输出图文并茂的优质科技信息，如图7-7 所示。

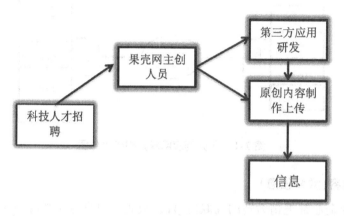

图 7-7　果壳网原创科技信息的制作流程图

(2)用户中的意见领袖(活跃用户)分析

除却果壳传媒的主创人员及员工外，果壳网中还活跃着一批自发的内容提供者,他们凭借对科技的热爱和对科普事业的热诚,引发讨论、活跃气氛、加强互动,对果壳网科普信息的传播也起了相当大的作用,他们就是用户中的意见领袖。他们通常在自己熟知的领域有一定的权威，并且具备良好的媒介素养,本着强烈的参与和表达欲望以及共享信息的精神和对科学的执着态度,频繁发表评论及转载或原创作品,对访问此板块的壳友们会产生很大的影响,逐渐受到其他壳友的追捧,积累起一定的威信,逐渐拥有粉丝群。

2. 媒介(教育媒体)

作为传者的果壳传媒的主要阵地是果壳网 SNS，为了方便用户随时随地访问,果壳网还积极开发手机客户端。为了迎合高端用户果壳网还专为 iPhone 平台量身定做的手机客户端 (iPad、iPod touch 均适用)，使用户可以使用 iPhone 轻松浏览文章,支持评论和推荐功能。此外,果壳传媒还积极利用新兴社交软件微博和微信进行品牌推广,极大地扩大了果壳网的影响力。

作为受众的果壳网用户可以用来接收果壳网信息的硬件有电脑和智能手

机、ipad 等移动终端,软件有 GuoKr Reader 等专为 Windows Phone 用户设计的三方移动客户端和和 iGuokr 等为 Android 手机用户设计的第三方应用,以及微博和微信等社交软件。

果壳网传播过程中应用媒介的构成如图 7-8 所示。

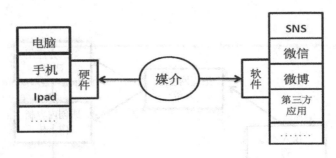

图 7-8　果壳网应用媒介构成示意图

3. 内容(教育信息)

"传统企业都把精力转向互联网、IT、数码,科学这个领域还极少有人介入。"果壳网眼光独到地瞄准了科学领域。而科学领域竞争的高门槛,集中体现在内容控制上。"它对操盘者、编辑有着更高的要求,必须拥有良好的学科积淀,并且擅长挖掘学科领域的写作者,做到这一点并不容易。"姬十三认为,这是果壳网的核心竞争力。

果壳网的内容主要来自两块,一个是用户生成,一个是自主原创,后者所占的比例要大得多。用户可以浏览自己喜爱的内容(主题站),参与相关话题讨论(小组),关注感兴趣的科普作家(果壳达人),此外,果壳网还推出一种社会化问答形式——果壳问答。

例1:

果壳问答　　问答首页　　发现问答　　等待回答　　最新问题　　标签广场

雪糕反复冻融会不会滋生细菌?有白霜的雪糕不能买吗?

标签:　食品　微生物学　修改

羽瑭雨瑭　食品添加剂和食品配料研究员

2015-07-27 12:58

支持者：太极_34326　Uuh116　冰火梦幻　有梦想的男人　誉徒人　更多 ▾

1，白霜的生成，就是水汽直接凝结在包装的外表形成的，跟冬天打霜类似。至于是不是反复冻导致的，我倒觉得不一定，一般来说，比如说在搬运途中，冰淇淋有可能会短暂的脱离冰箱或者冷柜，如果外面朝气又很大的话，就会有很多水汽直接凝结在外面，再接着冷冻的时候，就直接结成霜了。

2，关于滋生细菌的事情，只能说是有可能，但要看具体条件。一般普通的微生物，在低温条件下，繁殖是非常的慢，可以近似与停止增生。而细菌要迅速繁殖增生的条件一般都在20摄氏度以上了。而普通的冰淇淋，就算是有升温，但要说升到0度以上的可能性都很小，因为要是高于0度的话，基本上就完全化掉了，就算是再冻起来，也完全不是原来的样子了。所以这样看来的话，只要你买的冰淇淋还是原来的样子，那应该就还行，细菌滋生的可能性非常小，但如果明显的感觉到是融化掉以后再冻上的，样子就完全变了的话，确实有可能会有微生物滋生。

PS，最后说一下商家为了省电关掉冷柜的事情，可信度真的不高，一来是如果这一冰柜的冰淇淋都化掉了，那损失也太大了，，二来，因为断电导致整体的温度升高，白天再插上电，那制冷压缩机由于温差的原因，耗电量会更大，同时，冷柜压缩机的使用寿命会缩短，也是得不偿失。制冷温度达到设定温度以后，维持这个温度，其实是最省电的，就跟在高速公路上开车一样，加速阶段是最费油的，一旦速度起来后，维持当前速度，其实是很省油的。当然，也不排除真有傻叉的店主这么干，但稍微大一些的超市，店主应该都不会这么干的。

6条讨论

果壳网具有强大的科技媒体属性，以紧抓热点的优质内容，和顺势而为的运营策略，为网站导入流量。其内容最大的特点是以兴趣聚合粉丝，图文并茂，多元化，信息整合度高。

果壳网科技信息的表现形式主要为文字、图片和视频。

例2：

科学人　　热点　前沿　评论　专访　视觉　速读　谣言粉碎机

热点　谣言粉碎

要怎么判断残骸是否属于马航370？

Nick Stockton 发表于 2015-07-30 12:50

（Stellasun/编译）2014年3月8日，载有239人的马来西亚航空公司MH370航班在从吉隆坡飞往北京途中失踪；一年多来，对飞机残骸的搜寻毫无进展。但就在昨天，在位于印度洋西南部的留尼汪岛上发现了飞机机翼部碎片，而且残骸有可能属于波音777型号的飞机；由于目前全世界坠海失踪的波音777飞机只有MH370一架，这意味着失踪一年多的MH370残骸有可能终见天日。

但是，我们是怎么判断残骸是否属于马航370的呢？

一架波音787飞机的数据牌。图片来源：http://worldairlinenews.com/

飞机使用副翼做滚转运动的示意动画。图片来源：Wikipedia

例3：

【视频】又快又省事又漂亮的调味蔬菜准备方法　读图模式

 玉子桑　食品科学硕士，果壳网编辑　　　　　2015-07-28 13:27

你每次是不是在锅里已经倒了油的时候才猛然想起了忘了切葱花？

你每次用菜刀剁出来的葱花是不是参差不齐大小不一？

其实，超简单，葱白那种紧实的部分，只要用刀先横竖切，再切段

4. 受众（受教育者）

果壳网用户体验及传播模式问卷调查结果显示，果壳网用户以具有较高学历的中等收入的都市青年群体为主，行业分布较广。他们偏爱使用微博和微信等社交媒体，大部分用户使用果壳网的时间 1～2 年，并且访问频率较高，他们大多会同时使用电脑等固定终端和手机、ipad 和 ipod-touch 等移动终端接受和发布信息且更倾向于使用移动终端，大部分用户对果壳网有较高的忠实度。

在果壳网用户之中，还活跃着一批资深用户，他们通过精彩的评论、大量转载果壳网或其他科技网站的优质内容和时常发表原创内容，频繁地在 SNS 平台或微博、微信等社交软件上以人际传播模式与其他"壳友"们互动，充当着引发深度探讨、活跃社区气氛、加强壳友互动，并引导舆论导向的意见领袖的角色，他们的存在，大大加强了果壳网信息传播的深度和广度。果壳网用户群的互动传播过程如图 7-9 所示。

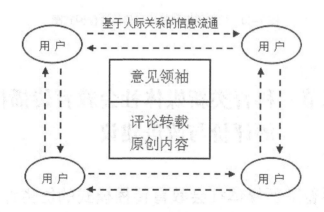

图 7-9　果壳网用户群的互动传播过程模式图

(二)果壳网传播模式建构

基于上文中的要素分析，研究者建构出如下模式图概括果壳网科普信息传播过程模式，如图 7-10 所示。

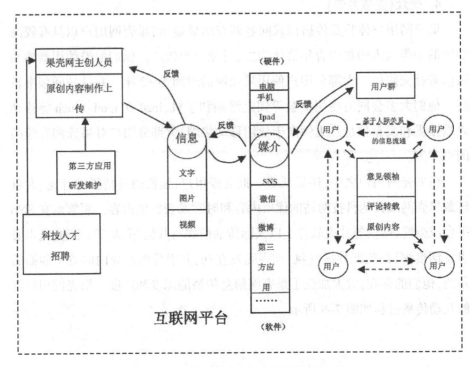

图 7-10　果壳传媒科普信息传播过程模式图

第三节　科普类新媒体社会教育传播模式的评价与改进建议

一、科普类新媒体社会教育传播模式的优劣评价

(一)优势

1. 优质内容是核心竞争力

果壳网优质科技内容的输出依赖其强大的制作团队。果壳传播的主创人员均为文理兼修的高学历的国内科学传播的领军人物，由他们打造出的学术化,专业化及趣味性于一体的优质科普内容在风格上独树一帜且不易模仿,在这个内容为王的时代,果壳选择了科学这个领域,结合松鼠会的优势,已经在

国内获得了先发优势，本研究所做的果壳网用户体验及传播模式问卷调查结果显示，用户对果壳网的科技内容给予了充分的肯定，如表 7-26 所示，并且他们对果壳网有着较高的忠实度，本次调查样本中绝大多数用户都表示经常购买或阅读果壳网或科学松鼠会出版的书籍，如表 7-27 所示，并且经常参加果壳网组织的线下活动，如表 7-28 所示。这些忠实并且具备消费能力的用户将会成为果壳网产业链的潜在消费者。

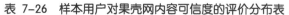
表 7-26 样本用户对果壳网内容可信度的评价分布表

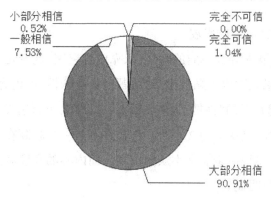

表 7-27 样本用户消费果壳网出版书籍数目分布表

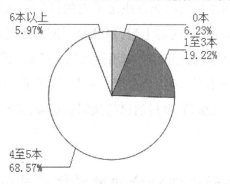

表 7-28 样本用户参加果壳网线下活动情况表

选项	小计	比例
A.参加过一两次:	58	15.06%
B.经常参加:	279	72.47%
C.没参加过，根本不知道:	24	6.23%
D.没参加过，但很想参加（一些客观因素不允许，如举办城市）:	14	3.64%
E.没参加过，对内容没兴趣:	6	1.56%
F.没参加过，不喜欢这种形式:	4	1.04%
本题有效填写人次	385	

2. 多元化的传播渠道使传播更畅通

果壳不仅仅是一个网站,还通过微博、微信等自媒体大力扩散着影响力,此外,目前还做图书出版、网络广告、科技服务等业务,基本形成了囊括多元化传播渠道的完整的产业链。作为一个已经有一轮风投的新兴网站,果壳并不关心短期的盈利与否,而是希望能带来一种新文化。当"科学成为一种生活方式"的时候,果壳网会爆发出巨大的变现能力。

(二)劣势

1. 内容的充实影响发展

然而,在互联网寡头肆虐的时代,依靠内容突围,这既是果壳的优势,也是果壳的劣势。果壳网内容贴近生活,话题极具趣味性,但内容的充实成了一个大问题。以主题站里的"性情"为例,文章为322篇,更新速度为几天一篇,研究者浏览全部内容,仅花了约2小时。科普并不是一个高高在上的概念,但果壳目前涉足的,确实是一个非常小众的市场。而内容的高度敏感性,让果壳网小众化特征愈来愈明显。

2. 营利性属性的负面效应

果壳网的营利性机构的属性决定了它的目标受众是消费能力较强的都市白领和大学生群体,从内容上看,虽然果壳网提供的科普文章大多幽默风趣,但太多涉及两性及情感问题,实用性强的生活常识所占比例不大,可谓趣味性有余而实用性不足,因而流失了一些用户,有近一成的用户表示不会再上。也很难受到广大城镇、乡村居民的认同和青睐,从而削弱了社会教育的普适性意义。

二、科普类新媒体社会教育传播模式的优劣评价的改进建议

本次调查样本中,有188人表示希望果壳网缩减大段的文字,增加图片和视频的比重,占样本总人数的48.83%;有126人表示希望果壳网提供更完善的交流平台,占样本总人数的32.73%;有117人表示希望果壳网提供更多、更实用的科普资源,占样本总人数的30.39%;有54人表示希望果

壳网提供更简约、美观的界面,占样本总人数的14.03%。具体情况如表7-29所示。

本次调查结果显示,受众迫切希望果壳网能够对文字、图片、视频等资源的比重进行优化,同时希望界面能更简洁美观、交流平台更完善、科普资源更加实用。

表 7-29　样本用户对果壳网改进意见分析表

选项	小计	比例
A. 更简约、美观的界面	54	14.03%
B. 缩减大段的文字,增加图片和视频的比重	188	48.83%
C. 提供更多、更实用的科普资源	117	30.39%
D. 更完善的交流平台	126	32.73%
E. 其他〔详细〕	3	0.78%
本题有效填写人次	385	

除此之外,针对果壳网的传播劣势,研究者认为,果壳网为长远发展可进行如下改进:

(一)实施强强联合,从小众迈向大众

日本地震期间,核泄漏引发了国人的巨大恐慌,果壳网及其"谣言粉碎机"主题站和官方微博账号做了大量的粉碎谣言消除恐慌的工作。然而恐慌过后,科普依然是一项艰巨的工程——在微博和微信等社交网络平台上不断有人制造谣言,更可悲的是,这些谣言通常很有市场,经常见到一些拥有上万粉丝的大V们也不经过验证就盲目地转发,这无疑极大地加速了谣言的传播。例如一则"关于睡觉时抽搐说明你身体可能有问题"的谣言竟然被转发了上万次,而谣言粉碎机针对这类谣言,旁征博引地进行科学验证,然而其辟谣的微博却只被转发了六百多次,远远不及谣言扩散的速度。

有鉴于此,研究者认为果壳网应抓住机遇,进行强强联合,从小众迈向大众。例如果壳可以和国内各级电视台,或者优酷、土豆等视频网站合作,制作高水平的科普类节目,在打造自己的品牌的同时,为电视台赢得收视率,或者是为优酷等带来流量,不仅能够扩大自身影响,而且还能为全社会营造一种科学理性的氛围,为中国的青少年及广大科技爱好者们提供一个接触、了解科学的平台。

(二)兼顾实用性和趣味性,惠及最广大人民群众

果壳网应在盈利之余担负起推进社会教育的责任,在选材上不应一味哗众取宠,而应多一些老少咸宜并且能应用于日常生活的科技资讯,使其用户群突破城乡界限、打破年龄隔阂,以惠及最广大的人民群众为己任,也未尝不是一条盈利最大化的途径。

三、优化网络媒体运用于社会教育的传播模式的思考

(一)传播者方面

鉴于推进社会教育事业对于推动社会进步具有的重大意义,全体社会成员都应为之不懈奋斗。因此,不管是国家教育机构还是私营传媒机构抑或是民间组织或个人,都不应各自为营、孤军奋战,而应精诚合作、携手共进。例如国家教育机构可以借鉴私营传媒机构的运营模式和经验,同时为实施社会教育的互联网企业提供政策支持,民间组织或个人可以纳入国家教育机构或私营传媒机构,充分发挥集群优势,形成合力,从而加速社会教育传播机制的运行,促进我国社会教育事业的长足发展。

(二)受众方面

在新媒体的社会教育传播模式中,受教育者中的意见领袖的作用也不容忽视,他们充当着引发深度讨论、活跃学习气氛、加强学习者间互动,并引导舆论导向的重要角色。因此,着力培养一批优秀的受教育者充当意见领袖,能够带动其他的受教育者学习的热情和效果,从而极大地提升新媒体的社会教育传播效果。

(三)传播内容方面

在读图时代,受众迫切希望新媒体的教育内容能够缩减大段的文字,增加图片和视频的比重,并且一改传统教育内容严肃刻板的风格,用诙谐幽默的文风改善受众的学习体验。更多、更实用的教育资源是教育类新媒体出奇制胜的

法宝,所谓酒香不怕巷子深,有了优质的内容,不怕吸引不来眼球。

(四)传播渠道方面

在互联网企业空前繁荣的当今,优质的用户对媒介产品的用户体验要求近乎苛刻,是否能提供足够完善的交流平台,也是制约具有社会教育功能的新媒体的一个指标,只有研发出最人性化的交流平台,设计出最简约、美观的产品界面,

才能留住用户,特别是使一些优质的用户沉淀下来,培养品牌忠实度。

(五)运营形式方面

从果壳、豆瓣、知否等营利性的国内优质的内容网站可以看出,营利跟推进社会教育并不矛盾,而是可以相互促进的,只要协调好两者关系,循序渐进,不急功近利,这种以营利机构反哺非营利机构的路径是值得提倡的。

总　结

一、研究结论

本研究通过文献研究法归纳出新媒体作用于社会教育的功能层面，并对传统的大众传播模式和教育传播模式做出批判继承，在保留传统教育传播模式的基本框架的基础上，与时俱进，勾勒出新媒体的社会教育传播模式图，然后通过个案研究法和实验研究法进行实证研究。

(一)新媒体的显性社会教育功能有：①汇聚整合优质社会教育资源；②为建构主义学习理论创造情境；③让随时随地的移动学习成为一种习惯；④促进社会教育信息对称；⑤思想和智慧传播的加速器。除显性功能之外，新媒体还具有四种隐形社会教育功能：①涵化功能；②凝聚功能；③疏导功能；④辐射功能。

(二)本研究对传统的大众传播模式和教育传播模式做出批判继承，取其精华去其糟粕，在保留传统教育传播模式的基本框架的基础上，从细节上进行补充完善，构建了"新媒体社会教育的互动循环模式(如图1所示)"、"新媒体社会教育的裂变传播监督模式(如图2所示)"和"新媒体社会教育的分级传播模式(如图3所示)"三大模式，希望给新媒体在社会教育传播模式的研究领域提供参考。

155

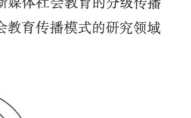

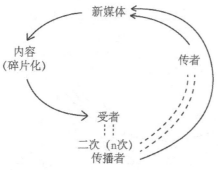

图1　新媒体社会教育的互动循环模式

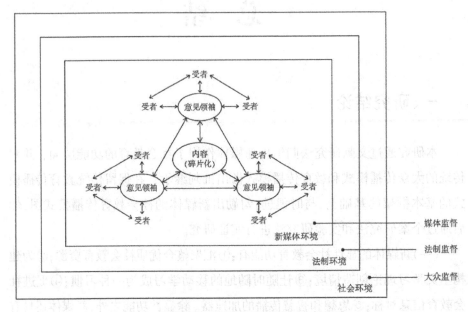

图 2　新媒体社会教育的裂变传播监督模式

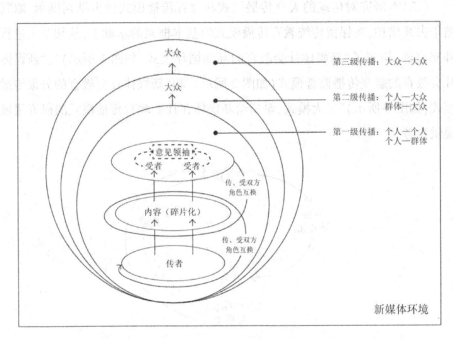

图 3　新媒体社会教育的分级传播模式

新媒体为社会教育带来的不仅是新的技术与工具,更是新思维、新理念、新模式。本研究选取了三类典型的新媒体社会教育案例,从新媒体社会教育传播的各个因素入手,对其个案现象进行分析映射,分别构建了移动媒体社会教育传播模式（如图4和图5所示）,数字视频新媒体的社会教育模式——以MOOC(慕课)为例(如图6所示),科普类新媒体社会教育传播模式——以果壳网为例(如图7所示)。

(1)移动媒体社会教育传播模式

① 基于工作的移动媒体自主学习模式

基于工作的移动媒体自主学习模式，是学习者自主利用移动媒体进行学习的一种方式，学习者无需通过教师或是职业培训师作为中介就能直接通过多种移动设备来学习移动平台上与自身职业或是兴趣相关的学习内容。这时,控制学习过程的主体是学习者自己，这是一种以学习者为中心的社会教育传播模式。学习者的学习有高度的独立性与主动性,如图4所示。运用这种传播模式,主要是学习者在工作中遇到困难或是技术难题时,自主通过移动媒体搜索职业技能培训信息与学习资料,有针对性地进行学习,以解决工作问题。而在自主学习并解决工作问题的过程中,学习者不断提高自我的职业技能。随着信息技术的快速发展,以及学习化社会的到来, 移动媒体逐渐普及,基于工作的移动媒体社会教育将受到越来越多人的欢迎与追捧。这时自主学习模式将成为一种重要的社会教育传播模式,教育也将产生一次新的飞跃与革命。

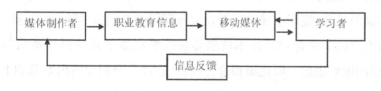

图4 基于工作的自主学习模式

② 非正式学习的移动媒体互动循环模式

在非正式学习过程中,传者将碎片化的信息内容发布在移动媒体平台上,并通过各种渠道和途径传播、推送给受者,受者对接接受到的内容依据自己的兴趣、喜好或者需要进行主动选择,进行浏览、查阅或是学习,并可以将自己对推送内容的想法直接通过评论反馈给传者;同时,受者可以通过自主的、主观的

157

加工后，再把该内容传播给另外的受者或原来的传者。此时,信息实现二次传播,一次传播中的受者同时为二次传播者,一次传播中的传者有可能成为二次传播中的受者,传、受双方角色发生互动。如此循环往复,实现三次、四次……n次传播,如图5所示。该模式聚焦内容传播的过程中,传、受双方角色的互动变化,及在该互动中推动信息不断循环向外扩散传播。

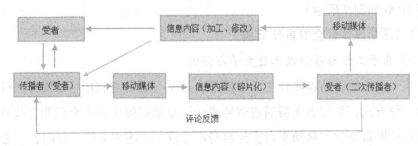

图5　非正式学习的互动循环模式

(2)基于慕课的社会教育应用模式

本研究整合国内外 MOOCs 在社会教育领域的研究成果，针对当前 MOOCs 的特点与不足,吸纳了情境认知、游戏化学习和问题解决等理念,以教学设计理论、学习共同体理论、终身学习理论、掌握学习理论和学习活动理论为指导,尝试构建面向社会教育的 MOOCs 应用模式 (见图6),包含了学习目标、学习评价、学习资源、学习活动和学习互动共同体等策略,以提高社会教育学习者的学习体验和学习成效。该模式坚持"问题解决与社会大众需求"的学习目标设计,关注学习者的用户体验,在课程设计中提供大量活动、游戏化和情境化体验的机会,逐渐引导学习者在实践问题中应用所学的知识技能。面向社会教育的 MOOCs 课程设计不按照传统的教材章节式学科体系来组织内容,而是以问题解决的一般化流程进行设计,在深入分析学科内容基础上将课程内容分解后重新整合,采取"大模块内容—小活动任务—细步骤实训"的形式进行组织重构。各模块内容相对独立且结构完整,模块之间的知识点相关但并不交叉,模块之间不一定有严格的逻辑先后顺序,不仅更符合学习者个性化学习需求,而且有利于资源的重组和二次开发。模块以需求为导向设计相应的情境案例、任务活动,渗透学科的认知发展要求。同时评价和反思贯穿于活动步骤的学习过程,逐渐引导学习者在实践操作中演练所学的知识技能,获得解决问题的方法。

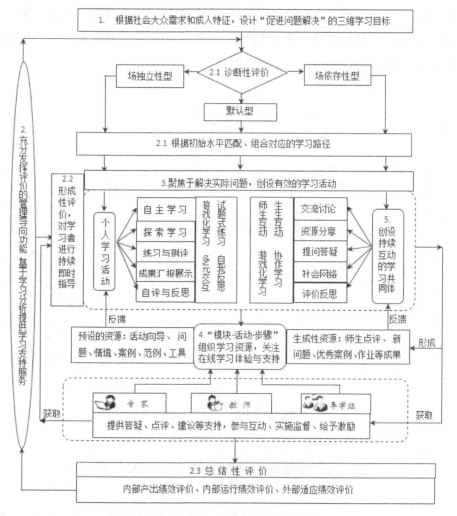

图 6 面向社会教育的慕课应用模式

(3)科普类新媒体社会教育传播模式——以果壳网为例

本研究通过对果壳网进行实证研究，用问卷调查法和访谈法对其用户实施调查,对果壳网科普信息传播过程中的传者、信息、媒介、受众等四要素及其相互作用关系进行分析, 建构出果壳网科普信息传播过程模式图, 如图7所示,从而验证了新媒体的社会教育传播模式图。对私营传媒机构推广社会教育路径的共性总结:纵观当下在国内具有较大影响力的优质内容的互联网企业,例如果壳、豆瓣、知否,都遵循了这样一个传播模式:首先借助既有的非营利机构的知名度,如科学松鼠会,打造自己的专属品牌,之后培养一批高质量的意见领袖,综合运用传播力强的自媒体,如微博和微信,将品牌效应传播开来,吸引更多的用户,然后开发一些衍生产品,如果壳阅读,来实现盈利,之后反哺科学传播的非营利机构,形成一个良性循环。

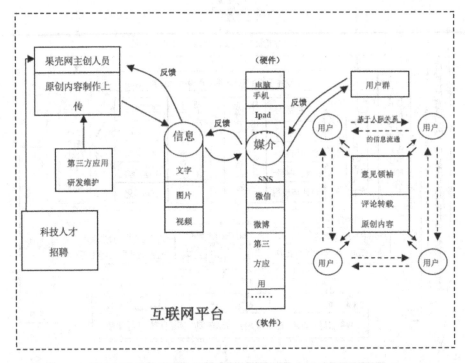

图7　科普类新媒体社会教育传播模式——以果壳网为例

（三）本研究通过实证研究,用问卷调查法和访谈法对其用户实施调查,并从信息传播过程中的传者、信息、媒介、受众等四要素及其相互作用关系进行分析,提出优化建议。第一,新媒体时代推进社会教育的传播者们应精诚合作、携手共进。例如国家教育机构可以借鉴私营传媒机构的运营模式和经验,同时为实施社会教育的互联网企业提供政策支持,民间组织或个人可以纳入国家教育机构或私营传媒机构,充分发挥集群优势,形成合力,从而促进我国社会教育事业的长足发展。第二,着力培养一批优秀的受教育者充当意见领袖,能够带动其他的受教育者学习的热情和效果,从而极大地提升新媒体的社会教育传播效果。第三,在内容为王的时代,大量优质的内容是立于不败之地的资本,而内容在形式上应该更加多元化,例如缩减大段的文字,增加图片和视频的比重,使之更符合人的认知规律。第四,在互联网企业空前繁荣的当今,只有研发出最人性化的交流平台,设计出最简约、美观的产品界面,才能留住用户,特别是使一些优质的用户沉淀下来,培养品牌忠实度。第五,以私营传媒机构的立场来看,营利跟推广社会教育并不矛盾,而是可以相互促进的,只要协调好两者关系,循序渐进,不急功近利,以营利机构反哺非营利机构的路径是值得提倡的。

二、研究创新

首先是视角创新:与同类研究相比较,本课题的研究视角具有创新性。本课题从理念与技术融合的视角出发,对新媒体的社会教育功能开展系统全面的研究;并依据教育传播学理论, 构建新媒体应用于社会教育的信息传播模式,能够丰富和拓展的教育传播理论,优化基于新媒体的社会教育传播效果,进而为提升社会教育水平提供理论支持。

其次是方法创新:本课题研究综合运用文献调研、内容分析、案例分析等方法开展研究,在明确当前新媒体的社会教育功能研究现状,以及可借鉴的信息传播模式之基础上, 有针对性地构建不同新媒体形态的信息传播模式和实践策略,再通过实证分析对相应的传播模式的应用效果进行实证研究,并进一步进行优化,在研究方法上具有创新性。

三、后续研究

新媒体的社会教育传播呈现出新的特点, 瞬息万变的技术环境不断对社会教育传播的发展提出新的问题和要求。社会教育传播与快速发展的信息科技密切相关,其研究始终处于动态的过程之中,呈现出复杂多样的特点,给相关研究带来了新的挑战。本书针对新媒体的社会教育传播新现象展开研究,难免存在欠缺,还有更多工作需要全面深化,有待在后续研究中开展。

本书的后续研究将主要涵盖以下方面:(1)依据新媒体社会教育传播的语境和新特征、新变化, 进一步系统梳理信息化进程中社会教育功能及的新内涵、新观点、新视角,完善适应信息化特征的社会教育传播理论体系;(2)结合实际情况和研究案例深入探讨基于当今新媒体的社会教育传播过程与模式分析,以及基于不同教育新媒体技术的传播途径和互补机制;(3)探索新媒体环境中社会教育传播的实践策略和应用方法,实现社会教育传播效果最优化。

　　对于新媒体社会教育传播的理论发展与实践应用,对新媒体环境中社会教育传播效果的优化策略研究还需要进一步深入研究。多年来,研究团队围绕新媒体社会教育功能及其传播模式的理论与实践开展了大量科研和教学工作,取得了一系列成果。权以此书抛砖引玉,希望引起研究同仁的关注和共鸣。

参考文献

中文部分

[1] 〔美〕拉斯韦尔.传播在社会中的结构与功能[M].何道宽译.北京:中国传媒大学出版社,2013.

[2] 〔英〕麦奎尔等.大众传播模式论[M].祝建华译.上海:上海译文出版社,1987.

[3] 百度百科果壳网 [DB/OL].http://baike.baidu.com/link? url=D86SunR2eOSICbYSEPeWgjzaJqOcEyE–EOvt_y74k55OP5UxOpF5ooU2NgedwJein7mHVQKpJyU62lPX–j585a.

[4] 百度百科微博[DB/OL].http://baike.baidu.com/subview/1567099/11036874.htm?fr=aladdi.

[5] 百度博客.两种 Web2.0 模式比较:MySpace 与 facebook [DB/OL].[2010–03–08] http://hibaidu.commusk1984/blog/item/178fe42a5c6e3825d42af1d2.Html.

[6] 蔡哲.新媒体全交互危机传播模式构建研究[D].长沙:湖南大学,硕士学位论文,2010.

[7] 陈传锋,李翠白.微格教学的教学设计模式[J].海南师范学院学报,2001(3):112–116.

[8] 程迎红.从"个人日志"到"新媒体"——中国博客的社会传播功能分析[J].安徽科技,2008 (6):55–56.

[9] 单晓彤.微信传播模式探析[J].新闻世界,2013 (2):53–54.

[10] 邓红彬.论新媒体环境下大学生思想政治教育载体创新[J].重庆交通大学学报(社会科学版),2011 (1):103–105.

[11] 杜丽,林筑英,尹兵.网络课程教学游戏开发中的 VR 技术应用[J].中国远程教育,2011(7):76–80.

[12] 杜子键.微力无边[M].北京:湛卢文化出版社,2011.

[13] 樊鑫.网络游戏:一种网络互动行为的社会学研究[D].安徽师范大学,硕士学位论文,2011.

[14] 高莹.微信的传播模式分析[D].郑州大学,硕士学位论文,2014.

[15] 郜书锴.新媒体如何加快向国际传播模式转型[J].新闻前哨,2011(3):88-89.

[16] 龚超.国外社会教育理论研究的发展现状探析[J].理论月刊,2008(2):147-150.

[17] 郭海霞.新型社交网络信息传播特点和模型分析[J].现代情报,2012,32(1):56-59.

[18] 郭庆光.传播学教程[M].北京:中国人民大学出版社,1999:62.

[19] 郭庆光.传播学教程[M].北京:中国人民大学出版社,1999:67.

[20] 韩锡斌,程璐楠,程建刚.MOOCs的教育学视角分析设计[J].电化教育研究,2014(1):49.

[21] 韩锡斌,翟文峰,程建钢.cMOOC与xMOOC的辨证分析及高等教育生态链整合[J].现代远程教育研究,2013,(6):3-10.

[22] 贺斌.慕课:本质、现状及其展望[J].江苏教育研究,2014(1):3-7.

[23] 侯怀银,张宏波."社会教育"解读[J].教育学报,2007,3(4):3-8.

[24] 侯小杏,张茂伟.微博在教学应用中的传播模式研究[J].琼州学院学报,2011,18(4):83-84.

[25] 胡波.论Web2.0时代网络传播的社会功能表现[D].四川大学,硕士学位论文,2007.

[26] 胡钦太,程伊黎,胡晓玲.Web2.0环境下微博的教育传播效果研究[J].电化教育研究,2012(7):11-14.

[27] 胡钦太,林晓凡.基于新媒体的社会教育传播模式构建研究[J].电化教育研究,2014,05:5-10.

[28] 胡钦太,林晓凡.面向社会教育的MOOCs应用模式及优化设计研究[J].电化教育研究,2014,11:30-36.

[29] 胡钦太,林晓凡.面向服务的MOOCs分析与教学设计研究[J].中国电化教育,2015,01:39-43.

[30] 胡小勇,林晓凡.促进认知迁移的在线学习课程设计与实证研究[J].中国电化教育,2011,(7):78-83.

[31] 黄超.MOOC如何吸引学习者持续参与[J].中国教育网络,2013(9):26-27.

[32] 蒋宇,尚俊杰,庄绍勇.游戏化探究学习模式的设计与应用研究[J].中国电化教育,2011,(5):84-91.

[33] 教育部.国家中长期教育改革和发展规划纲要(2010—2020年).[DB/OL].[2010-02-28].http://www.china.com.cn/policy/txt/2010-03/01/content_19492625_3.htm.

[34] 教育传播媒体[DB/OL].[2012-6-1]http://blog.sina.com.cn/s/blog_5ec8f9a50100clhz.html.

[35] 匡文波."新媒体"概念辨析[J].国际新闻界,2008(6):66-69.

[36] 蓝建.论社会教育在我国社会转型时期的重要性[J].成人教育,2004(5):01-05.

[37] 黎加厚,赵怡,王珏.网络时代教育传播学研究的新方法:社会网络分析——以苏州教育博客学习发展共同体为例[J].电化教育研究,2007(8):13-17.

[38] 李华,龚艺,纪娟,谭明杰,方佳明.面向MOOC的学习管理系统框架设计[J].现代远程教育研究,2013(3):28-33.

[39] 李青,于文娟.电子徽章:在线学习评估认证的新趋势[J].中国电化教育,2014(1):99-105.

[40] 李运林.教育传播研究,重要性与新领域[J].电化教育研究,2009,3(5):11.

[41] 李志杰,曾瑛,陈康,李智龙.Web2.0技术特点与应用研究[J].科技创业月刊,2006(12):200-201.

[42] 廖肇弘.[DB/OL].[2014-05-11] http://blog.sina.com.cn/s/blog_59170fb60101jfyu.html

[43] 林晓凡,胡钦太,邓彩玲.基于SPOC的创新能力培养模式研究[J].电化教育研究,2015,10:46-51.

[44] 林枋,成丽娟.情境学习理论支撑下基于问题的网络学习[J].中国电化教育,2009(11):20-22.

[45] 刘向宇.从成人教育的角度看寓教于乐[J].继续教育研究,2011(10):21-23.

[46] 卢壮壮.手机媒体的传播模式分析[J].有线电视技术,2011(4):99-100.

[47] 罗辑.播客传播的社会功能分析[D].重庆工商大学,硕士学位论文,2010.

[48] 吕啸,余胜泉,谭霓.基于发展性评价理念的网络教学平台学习评价系统设计[J].电化教育研究,2011(2):73-78.

[49] 马云.游戏化学习社区的功能及内容分析[J].中小学电教(下),2014(1):15-16.

[50] 梅琼林,沈爱君.传播学研究方法新向度与新媒介环境[J].甘肃社会科学,2008(1):249-253.

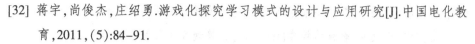

[51] 南国农,李运林.教育传播学[M].北京:高等教育出版社,2005.

[52] 南国农,李运林.教育传播学[M].北京:高等教育出版社,2005:8,39.

[53] 南国农,李运林.教育传播学[M].北京:高等教育出版社,2005:8,40.

[54] 欧阳康,汪瑜敏.试论信息化环境下的教育传播[J].电化教育研究,2008(12):16-19.

[55] 彭兰.Web2.0在中国的发展及其社会意义[J].国际新闻界,2007(10):44-48.

[56] 彭兰.关于数字媒体内容管理体系建立原则的思考[J].国际新闻界,2007(11):12-18.

[57] 尚俊杰,肖海明,贾楠.国际教育游戏实证研究综述:2008年—2012年[J].电化教育研究,2014,35(1):71-78.

[58] 邵庆海.新媒体定义剖析[J].中国广播,2011(03):63-66.

[59] 史斐翡,郭根生.移动学习模式应用于成人教育的探讨[J].中国成人教育,2007(5):134-135.

[60] 宋德清.MOOC在社区教育中的应用路径探索——基于开放大学建设的视角[J].远程教育杂志,2013,(6):68-74.

[61] 搜狐网.用移动学习辅助新员工培养的案例分享[DB/OL].[2015-11-1]from http://mt.sohu.com/20150408/n410976233.shtml,2015.

[62] 谭天.媒介平台:传统广电转型之道[J].新闻记者,2013(12):27-31.

[63] 王聪聪.MOOC运动及其对公共图书馆建设的影响[J].图书馆论坛,2014,(4):54~57.

[64] 王鹤红.试谈网络如何担当社会教育重任[J].延边教育学院学报,2009,23(5):15-17.

[65] 王景胜.借助多媒体技术实现建构主义学习环境[J].青海师范大学学报(哲学社会科学版),2006(4):126-128.

[66] 王雷.大学社会教育研究[M].北京:人民出版社,2013:6-7.

[67] 王颖.基于游戏化学习理念的体验式网络课程设计[J].软件导刊,2013,12(8):162-164.

[68] 谢相勋,彭巧胤.试论新媒体视野下大学生思想政治教育路径创新[J].学校党建与思想教育:理论(中旬),2011(4):71-72.

[69] 熊澄宇.新媒体与文化产业[DB/OL].[2005-2-1] http://media.people.com.cn/GB/22100/33937/33939/4321780.html.

[70] 徐福荫.新技术与新媒体推动教育变革[DB/OL]. [2015-10-31]http://learning.sohu.com/20131012/n388039327.shtml.

[71] 宣伟伯,余也鲁.传媒·教育·现代化:教育传播的理论与实践[M].北京:高等教育出版社,1988:16.

[72] 严亚利,黎加厚.教师在线交流与深度互动的能力评估研究——以海盐教师博客群体的互动深度分析为例[J].远程教育杂志.2010,28(2):68-71.

[73] 杨继红.谁是新媒体[M].北京:清华大学出版社,2008(10).

[74] 杨葳蕤.浅谈教育传播过程中的互动特征[M].现代远距离教育,1995.

[75] 杨晓新.教师博客的传播模式及推广 [J].中国教育信息化:高教职教,2011(12):36-38.

[76] 杨育智.社会教育功能解读[J].成人教育,2011 (4): 47-49.

[77] 余倩,李源.新媒体作为社会教育信息传播媒介的优势[J].新闻世界,2014,02:102-104.

[78] 袁立庠.微博的传播模式与传播效果[J].安徽师范大学学报(人文社会科学版),2011, 39(6): 678-683.

[79] 袁莉,鲍威尔斯蒂芬,马红亮.大规模开放在线课程的国际现状分析[J].开放教育研究,2013,3:56-62.

[80] 詹鹏.垂直SNS的发展趋势 [DB/OL].[2010-03-08] http: //www.goesok. cn / post / sns-chu-izh.html.

[81] 张炳林,杨改学.浅析播客(Podcast)及其在教育中应用的思考[J].现代教育技术,2008,17(12):71-74.

[82] 张琼莹.从成人参与学习理论观点兼叙隔空教学的含义[J].教学科技与媒体,1992,(09):23-40.

[83] 张振虹,刘文,韩智.从OCW课堂到MOOC学堂:学习本源的回归[J].现代远程教育研究,2013(3):21-22.

[84] 赵文涛.国外移动学习成功实践[J].中国教育网络,2013(6):27-28.

[85] 郑金洲.教育文化学[M].北京:人民教育出版社,2002:112,113,114,124.

[86] 郑旭东,陈琳,陈耀华,李振超.MOOCs对我国精品资源共享课建设的启示研究[J].中国电化教育,2014(1):80.

[87] 中国大学MOOC平台.《现代礼仪》MOOC课程.[DB/OL].[2014-08-16] http://www.icourse163.org/course/hnu/GE06017#/info.

167

[88] 钟志贤.谈谈关于教育传播模式问题[J].外语电化教学,1992(1):16–18.

[89] 周勇.电视会终结吗?——新媒体时代电视传播模式的颠覆与重构[J].国际新闻界,2011,33(2):55–59.

[90] 转引自郭庆光.传播学概论[M].北京:中国人民大学出版社,1999:115–116.

[91] 转引自胡泳.新媒体环境下的参与式新闻[DB/OL].中国传播学成立大会.http://news.sohu.com/20060421/n242932151.shtml.

[92] 转引自匡文波.2006新媒体发展回顾[J].中国记者,2007(1):76–77.

[93] 转引自〔美〕威尔伯,施拉姆,威廉.传播学概论[M].陈亮,周立方译.北京:新华出版社,1984:32.

[94] 转引自肖明超.新媒体:让所有人对所有人传播[J].中国广告,2008(11):40–41.

[95] 转引自詹栋樑.社会教育理论[M].中国台北:师大书苑,1988:71.

[96] 转引自詹栋樑.现代社会教育思潮[M].中国台北:五南图书出版有限公司,1991:3.

[97] 转引自周庆山.传播学概论[M].北京:北京大学出版社,2004:51.

英文部分

[98] Ahmad, N., & Orion, P. Smartphones Make IBM Smarter, But Not As Expected [Z]. American Society for Training and Development, 2010.

[99] Attwell G, Cook J, Ravenscroft A. Appropriating Technologies for Contextual Knowledge: Mobile Personal Learning Environments [A]. Miltiadis D, et al. Best Practices for the Knowledge Society. Knowledge, Learning, Development and Technology for All, Paper presented at the Second World Summit on the Knowledge Society[C]. WSKS 2009, Chania, Crete, Greece, Springer-Berlin Heidelberg, 2009: 15–25.

[100] Balfour S P. Assessing writing in MOOCs: Automated essay scoring and calibrated peer review [J]. Research & Practice in Assessment, 2013, 8(1): 40–48.

[101] Bednar, Nancy L., MOOCs and Community College Distance Education. 2013 APSA Teaching and Learning Conference Paper[DB/OL]. [2013–1–25] Available at SSRN: http://ssrn.com/abstract =2207216 or http://dx.doi.org/

10.2139/ssrn.2207216.

[102] Belanger Y, Thornton J. Bioelectricity: A Quantitative Approach---Duke U-niversity's First MOOC[J]. Inorganic Materials, 2013, 38(2):522–526.

[103] Brandt, E., Hillgren, P.-A., & Bj rgvinsson, E. B. Self–Produced Video to Augment Peer–to–Peer Learning[A]. In J. Attewell & C. Savill–Smith(Eds.). Learning with Mobile Devices. Research and Development [C]. London: Learning and Skills Development Agency, 2005:27–34.

[104] Communication–Models [DB/OL]. http://www.shkaminski.com/Classes/Handouts/Communication%20Models.htm.

[105] Coulby, C., Hennessey, S., Davies, N., & Fuller, R. The Use of Mobile Technology for Work–Based Assessment: the Student Experience [J]. *British Journal of Educational Technology,* 2009, (42):251–265.

[106] de Waard I. Analyzing the impact of mobile access on learner interactions in a MOOC[D]. Athabasca University, 2013.

[107] Ehman L H. Trends in Theory and Research in Social Education from 1973 to 1997: Implications for goals and process[J]. *Theory & Research in Social Education,* 1998, 26(2): 238–257.

[108] E–Learning in Corporate, Government, Healthcare, and Higher Education. 2013(1): 1977–1986.

[109] Ellison N B, Steinfield C, Lampe C. The benefits of Facebook "friends:" Social capital and college students' use of online social network sites[J]. *Journal of Computer - Mediated Communication,* 2007, 12(4): 1143–1168.

[110] Gedik N, Hanci–Karademirci A, Kursun E, et al. Key instructional design issues in a cellular phone–based mobile learning project [J]. *Computers & Education,* 2012, 58(4): 1149–1159.

[111] Hart, M. A.. The Long Tail: Why the Future of Business Is Selling Less of More by Chris Anderson [J]. *Journal of Product Innovation Management,* 2007, 24(3): 274–276.

[112] John W. Berry,et al. Cross–cultural Psychology: Research and Applications [M]. *UK: Cambridge University Press,* 2002: 345–383.

[113] John W. Berry. Acculturation: Living Successfully in Two Cultures[J]. *Inter-*

national *Journal of Intercultural Relations*, 2005,29（6）：701–702.

[114] Kop R, Fournier H. Social and Affective Presence to Achieve Quality Learning in MOOCs[C]//World Conference on

[115] Kraiger K. Third‐generation instructional models: More about guiding development and design than selecting training methods[J]. *Industrial and Organizational Psychology,* 2008, 1（4）: 501–507.

[116] Lasswell H D. The structure and function of communication in society[J]. *The communication of ideas,* 1948, 37: 215–228.

[117] Massis B E. MOOCs and the library[J]. *New library world,* 2013, 114（5/6）: 267–270.

[118] Masters, K. A brief guide to understanding MOOCs [J]. *The Internet Journal of Medical Education,* 2011, 1（2）:2.

[119] Mettiäinen S, Karjalainen A L. ICT–based Software as a Supervision Tool in Nursing Students' Clinical Training [DB/OL].[2015–11–01] http://www.doria.fi/bitstream/handle/10024/74734/aict_2011_4_10_10017.pdf?sequence=1.

[120] Milrad M, Spikol D. Anytime, anywhere learning supported by smart phones: Experiences and results from the MUSIS Project [J]. *Educational Technology & Society,* 2007, 10（4）: 62–70.

[121] P.Long, G.Siemens.Penetrating the Fog: Analytics in Learning and Education [J]. *EDUCAUSE Review,* 2011, 46（5）:31–40.

[122] Pachler, N., Bachmair, B., & Cook, J. Mobile Learning: Structures, Agency, Practices （Vol. 1）[M]. *New York Dordrecht Heidelberg London: Springer,* 2010.

[123] Pachler, N., Pimmer, C., &Seipold, J.Work–Based Mobile Learning: An Overview [A].In N.Pachler, C.Pimmer&J.Seipold（Eds.）.Work–Based Mobile Learning: Concepts and Cases [C]. Oxford, Bern, Berlin, Bruxelles, Frankfurt am Main, New York, Wien:Peter–Lang, 2011.

[124] Pachler, N., Pimmer, C., & Seipold, J. Work–Based Mobile Learning：Concepts and Cases [M]. *Oxford, Bern, Berlin, Bruxelles,Frankfurt am Main,* New York, Wien: Peter–Lang, 2011.

[125] Paul Natorp. Sozialidealismus [M]. *Cambridge university press,* 1920.

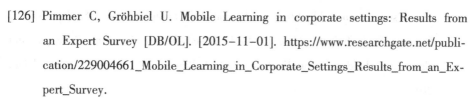

[126] Pimmer C, Gröhbiel U. Mobile Learning in corporate settings: Results from an Expert Survey [DB/OL]. [2015−11−01]. https://www.researchgate.net/publication/229004661_Mobile_Learning_in_Corporate_Settings_Results_from_an_Expert_Survey.

[127] Pimmer C, Linxen S, Gröhbiel U, et al. Mobile learning in resource−constrained environments: a case study of medical education[J]. *Medical teacher,* 2013, 35(5): e1157−e1165.

[128] Pirttiaho P, Holm J M, Paalanen H, et al. Etaitava−Mobile Tool for On−the−Job Learning [C]//IADIS international Mobile Learning Conference, Lisbon. 2007: 218−222.

[129] Romain C. Recalibrating Instruction at the Community College through MOOCs [A]. Proceedings of the 2013 IEEE International Conference in MOOCs, Innovation and Technology in Education (MITE) [C]. IEEE, 2013: 143−145.

[130] Sadigh D, Seshia S A, Gupta M. Automating exercise generation: A step towards meeting the MOOC challenge for embedded systems[C]//Proceedings of the Workshop on Embedded and Cyber −Physical Systems Education. ACM, 2012: 2.

[131] Sandeen C. Integrating MOOCS into traditional higher education: the emerging "MOOC 3.0" Era[J]. *Change: The Magazine of Higher Learning,* 2013, 45(6): 34−39.

[132] Surgeon General's Scientific Advisory Committee on Television and Social Behavior, Washington, DC. Television and Growing Up: The Impact of Televised Violence. Report to the Surgeon General United States Public Health Service[M]. *ERIC Clearinghouse,* 1972.

[133] Swanson, K. Merrill Lynch: Bullish on Mobile Learning (Case Study). Chief Learning Officer Magazine [DB/OL]. Retrieved 14.10.2012, from http://clomedia.com/articles/view/merrill_lynch_bullish_on_mobile_learning, 2008.

[134] T. Graves. Psychological Acculturation in a Tri−ethnic Community[J].*South−Western Journal of Anthropology,* 1967 (23): 337−350.

[135] Wallace, R.. The Affordances of Mobile Learning That Can Engage Disen-

franchised Learner Identities in Formal Education [A]. In N. Pachler, C. Pimmer & J. Seipold (Eds.), Work－Based Mobile Learning：Concepts and Cases. A Handbook for Evidence Based Practice [C]. Oxford: Peter－Lang, 2011.

[136] Wei L, Hindman D B. Does the digital divide matter more? Comparing the effects of new media and old media use on the education－based knowledge gap[J]. *Mass Communication and Society,* 2011, 14(2): 216-235.

[137] Yildiz, M., Khaddage, F., Shonfeld, M., Lattemann, C., Reed, H., Keengwe, S. & Shepherd, G. MOOCs to SIMMs: M－learning around the world[A]. M. Searson & M. Ochoa (Eds.). Society for Information Technology & Teacher Education International Conference 2014 [C]. Chesapeake, VA: AACE. 2014 (3): 1145-1151.

后　记

　　这本专著的完成是课题组成员共同的研究志趣和持续学术追求的结晶,也是继胡钦太教授《信息时代的教育传播研究:理论与实践》著作成果出版后的延伸和发展。它不仅充实了"互联网+"背景下新媒体的社会教育领域的研究内容,更为重要的是第一次系统地开展了新媒体的社会教育功能及其传播模式的研究。蒸汽时代,人类开始突破体能,机器代替了手工;而"互联网+"时代催生的新媒体,将会推动人类社会变得更加智慧。因此,胡钦太教授萌发了研究"新媒体的社会教育功能及其传播模式"的念头,进行了研究的顶层设计,提出了书稿大纲。

　　本着"教-研-学"结合的原则,课题组将培养青年教师和研究生作为课题不可分割的部分。第五章由蔡晓平副教授撰写,第七章由程雪撰写。林晓凡参与书稿撰写,负责推进各章写作进度,文献的整理和校对、图表的检查和订正。全书最后由胡钦太教授统稿和修改。熊霞余、罗光文、陈小岚、刘志纯、邓彩玲、张映能、何佳瑜等参与了书稿的修改与校稿。

　　一个集体项目需要群策群力。从课题筹备、调查实施到模式构建,均凝结着集体的智慧。本书得到张学波教授、胡小勇教授、蔡晓平副教授、刘兢副教授、聂瑞华教授、罗昕教授、吴鹏泽教授等的大力支持,在此深表谢意。学术追求的本质是求真和创新,因此问题的探讨,甚至是针锋相对都是至关重要的。不少课题组的工作会议、统稿会议是以工作坊的方式进行。在各次会议上,课题组成员的发言引发讨论和激辩,进而推进课题研究工作,积淀着学谊和友谊。三年来,课题组成员的愉快合作,互相砥砺,冲刺向前,令人难以忘怀。

本书能顺利与读者见面,要感谢中国出版集团·世界图书出版公司责任编辑杨力军主任付出的大量辛苦和专业的工作。广东省教育厅人文社会科学基地重大项目《新媒体的社会教育功能及其模式研究》的经费资助也使得本书得以顺利出版。

因作者经验和水平有限,书中难免存在不足和疏漏之处,欢迎广大读者批评指正,以便再版时修改和完善。

作　者

2015 年 11 月